中央民族大学俄语国家级一流专业建设系列教材

乌兹别克斯坦文化阅读教程

O'zbekiston madaniyati

古丽巴努木·克拜吐里
[乌兹]迪丽索热·米尔扎阿合米多娃 ◎ 编著

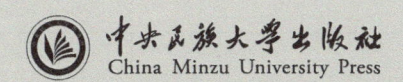

中央民族大学出版社
China Minzu University Press

图书在版编目（CIP）数据

乌兹别克斯坦文化阅读教程：汉文、乌兹别克文/古丽巴努木·克拜吐里，（乌兹）迪丽索热·米尔扎阿合米多娃编著 .—北京：中央民族大学出版社，2024.5

ISBN 978-7-5660-2363-6

Ⅰ.①乌… Ⅱ.①古… ②迪… Ⅲ.①文化史—乌兹别克—汉、乌 Ⅳ.① K362.03

中国国家版本馆 CIP 数据核字（2024）第 100566 号

乌兹别克斯坦文化阅读教程
O'zbekiston madaniyati

编　　著	古丽巴努木·克拜吐里　［乌兹］迪丽索热·米尔扎阿合米多娃 Dilsora Mirzaakhmedova(UZB)
责任编辑	买买提江·艾山
封面设计	舒刚卫
出版发行	中央民族大学出版社
	北京市海淀区中关村南大街 27 号　　邮编：100081
	电话：（010）68472815（发行部）　传真：（010）68933757（发行部）
	（010）68932218（总编室）　　　　（010）68932447（办公室）
经 销 者	全国各地新华书店
印 刷 厂	北京鑫宇图源印刷科技有限公司
开　　本	787×1092　1/16　印张：12.25
字　　数	200 千字
版　　次	2024 年 5 月第 1 版　2024 年 5 月第 1 次印刷
书　　号	ISBN 978-7-5660-2363-6
定　　价	65.00 元

版权所有　翻印必究

编写说明

本教材根据全国教指委颁布的《普通高等学校非通用语种类专业教学指南》，结合乌兹别克语教学实践编写而成，适合该语种中、高级学习者用于提高语言水平和人文素养。

一、本教材选取与乌兹别克斯坦文化、国情相关文章，注重文章的趣味性和可读性，内容难度适中，语言精炼，既能帮助学习者拓宽乌兹别克斯坦文化和国情相关知识面，又能提升语言应用能力及跨文化交际能力。

二、本教材学习重点的呈现遵循"先阅读、再理解、后复述"的原则，即先通过阅读课文使学生对学习重点有所了解，然后再进行复述，培养学生的知识转化和综合能力。

三、本教材既可用于《乌兹别克斯坦社会与文化》《乌兹别克斯坦文化与跨文化交际》等课程、也可以作为阅读材料配套《综合乌兹别克语》《乌兹别克语阅读》等课程使用。

四、本教材分为八个单元：节日与饮食、家庭习俗、城市与生活、家庭与学校教育、传媒与戏剧、文学瑰宝、服饰与民族工艺、乐舞与体育。每个单元包括两个小节，每个小节内有两篇文章及节后"说一说"练习。最后附参考文献及生词表，全书共1000余生词。

在此一并感谢乌兹别克斯坦籍语言文化方向专家古丽巴霍尔·伊斯坎达洛娃（Gulbahor Iskandarova）、伊斯玛依洛夫·古拉穆（Ismailov Gulom）等在编写工作中提供的帮助。

编者

2024年4月27日

目 录

第一单元 节日与饮食
I BOB. Bayramlar va oziq-ovqat mahsulotlari ……… 2

1. An'anaviy bayramlar ……… 2
1.1 Mustaqillik bayrami ……… 4
1.2 Navro'z bayrami ……… 5

2. Mahalliy taomlar ……… 9
2.1 Palov ……… 9
2.2 Sumalak ……… 11

第二单元 家庭习俗
II BOB. Oilaviy urf-odatlar ……… 16

1. Tug'ilish bilan bog'liq marosimlar ……… 16
1.1 Farzand tug'ilishidan oldin ……… 16
1.2 Farzand tug'ilishi va unga ism qo'yish ……… 19

2. To'y marosimlari ……… 24
2.1 To'y haqida ……… 26
2.2 O'zbek to'yi ……… 28

第三单元　城市与生活
III BOB. Shahar va hayot ⋯⋯ 34

1. Afsonaviy, qadimiy shaharlar ⋯⋯ 34
1.1 Buxoro ⋯⋯ 35
1.2 Samarqand ⋯⋯ 38

2. Shahar va jamiyat ⋯⋯ 42
2.1 O'zbekistonning ma'muriy–hududiy bo'linishi ⋯⋯ 42
2.2 Mahalla ⋯⋯ 44

第四单元　家庭与学校教育
IV BOB. Ta'lim va tarbiya ⋯⋯ 52

1. Oilada ta'lim va tarbiya ⋯⋯ 52
1.1 Oilada tarbiya ⋯⋯ 53
1.2 Yoshlar tarbiyasi ⋯⋯ 55

2. Ta'lim tizimi ⋯⋯ 60
2.1 O'zbekistonda ta'lim ⋯⋯ 60
2.2 O'zbekiston milliy universiteti ⋯⋯ 64

第五单元　传媒与戏剧
V BOB. OAV va teatrlar ⋯⋯ 70

1. Ommaviy axborot vositalari ⋯⋯ 70
1.1 O'zbekiston OAVlari ⋯⋯ 71
1.2 Yangiliklar saytlari ⋯⋯ 73

2. Kino va teatr · 77
2.1 Oʻzbekiston teatrlari · 78
2.2 Oʻzbek kinosi · 83

第六单元　文学瑰宝
VI BOB. Adabiyot · 88

1. Oʻzbek adabiyoti tarixi · 88
1.1 Oʻzbek mumtoz adabiyoti tarixining tarkibiy qismlari · 88
1.2 Zahiriddin Muhammad Bobur (1483–1530) · 94

2. Zamonaviy oʻzbek adabiyoti · 101
2.1 Oʻtkir Hoshimov hayoti va ijodi · 101
2.2 Abdulla Oripov hayoti va ijodi · 104

第七单元　服饰与民族工艺
VII BOB. Kiyim-kechak va hunarmandchilik · 112

1. Milliy kiyimlar · 112
1.1 Atlas · 113
1.2 Atlas afsonasi · 116

2. Hunarmandchilik · 117
2.1 Zardoʻzlik · 117
2.2 Kulolchilik · 122

第八单元 乐舞与体育
Ⅷ BOB. Musiqa va sport ································· 130

1. Musiqa va raqs ···································· 130
 1.1 Lazgi ·· 130
 1.2 Maqom ······································· 132

2. Milliy sport turlari ······························ 135
 2.1 Kurash ······································· 135
 2.2 Uloq ··· 141

参考文献 Foydalanilgan manbalar ·················· 145
词汇表 So'zlar jadvali ···························· 146

第一单元 >>>>
节日与饮食

I BOB. Bayramlar va oziq-ovqat mahsulotlari

1. An'anaviy bayramlar

O'zbekiston o'ziga xos an'ana va urf-odatlarni, jumladan, qadimiy va boy tarixga ega milliy bayramlarini e'zozlab kelayotgan mamlakatdir. Bu zaminda azaldan nafaqat o'zbeklar, balki turli millat vakillari ham yashab kelgan. Mahalliy aholi hunarmandchilik, dehqonchilik, savdo va chorvachilik bilan shug'ullangan. Bu omillarning barchasi, albatta, o'zbek xalqi tarixi va madaniyatida, jumladan, o'ziga xos bayram, an'analarining shakllanishida ham o'z izini qoldirgan.

Bayram kunlarida eng kuchli taassurot qoldiradigan festivallar va ko'ngilochar tadbirlar o'tkaziladi. Bunday tadbirlar go'zalligi, jo'shqinligi bilan insonlar xotirasida muhrlanib qoladi.

O'zbekistonning milliy bayramlari rasmiy ravishda belgilangan bayramlardir. Ular rasmiy, xalqaro va an'anaviy bayramlarni ichiga dadi: Yangi yil, Vatan himoyachilari kuni, Xalqaro xotin-qizlar kuni, Navro'z bayrami,

Xotira va qadrlash kuni, Mustaqillik kuni, Oʻqituvchi va murabbiylar kuni, Konstitutsiya kuni, shu bilan birga har yili hijriy taqvimga koʻra sanasi oʻzgarib turuvchi Ramazon va Qurbon hayiti keng nishonlanadi.

** 词语和词组

jumladan	包括
eʼzozlamoq	尊重，珍视
zamin	地球，土地
azaldan	自古以来
hunarmandchilik	手工业
chorvachilik	畜牧业
omil	因素
iz qoldirmoq	留下印迹
taassurot qoldirmoq	留下印象
tadbir	活动
joʻshqinlik	激情
muhrlamoq	盖章
Vatan himoyachilari kuni	祖国保卫者日
Xotira va qadrlash kuni	回忆与珍惜日
Mustaqillik kuni	独立日
Konstitutsiya kuni	宪法日
hijriy taqvim	回历

1.1 Mustaqillik bayrami

1991-yil 31-avgust kuni O'zbekiston Respublikasining Mustaqilligi e'lon qilindi. 1991-yil 1-sentabr O'zbekiston xalqining ma'naviy hayotida beqiyos o'rin egallagan har yili eng ulug', eng aziz bayram sifatida katta shod-u xurramlik bilan nishonlanadigan qutlug' ayyomga aylandi. Mustaqillik sharofati bilan o'zbek xalqining tili, milliy g'ururi, Navro'z kabi milliy bayramlari qayta tiklandi. Davlat ramzlari qabul qilindi. Toshkentdagi Temuriylar tarixi davlat muzeyi, Samarqanddagi Imom Buxoriy, Urganchdagi Jaloliddin Manguberdi, Termizdagi Alpomish yodgorlik majmualari kabi ko'plab maskanlar mustaqillik sharofati bilan barpo etildi, qaytadan obod qilindi. Mustaqillikka erishgach, milliyligi, ma'naviyati, qadriyatlari, madaniyati qayta tiklandi.

** 词语和词组

ma'naviy	精神的
beqiyos	无可比拟的
shod–u xurramlik	喜悦欢腾，兴高采烈
qutlug'	快乐的，幸福的
sharofat	光荣，光彩
g'urur	自尊心，自豪感
qayta tiklamoq	重建
ramz	象征
yodgorlik	纪念，纪念碑
majmua	集；综合体
maskan	<书>地方

barpo etmoq	建立
ma'naviyat	精神
qadriyat	价值观

1.2 Navro'z bayrami

NAVRO'Z (fors. — yangi kun) — shamsiya (quyosh) yil hisobida yilning birinchi kuni. O'rta Osiyo va Sharq mamlakatlarida yashovchi xalqlarning qadimiy, an'anaviy bayrami. Bahorgi tengkunlikka (21 yoki 22-mart), ya'ni, Quyoshning Hamal burjiga kirishiga to'g'ri keladi. Navro'z dehqonchilik ishlarini boshlash bayrami ham hisoblanadi. Navro'z bayramida ommaviy xalq sayillari uyushtirilgan, yangi ungan ko'katlardan tansiq taomlar pishirilgan, ba'zi ekinlarni ekish boshlangan. Dastlab, Navro'z bayramini o'tkazish o'troq dehqonlarda rasm bo'lgan, keyinchalik ular orqali yarim o'troq va ko'chmanchi xalqlarning ham urf-odatlariga aylangan. Asrlar o'tishi bilan turli xalqlarda Navro'z bayramini o'tkazish marosimlari ularning turmush tarziga, mafkurasiga moslashgan.

Tarixiy manbalarga ko'ra, Navro'zni bayram qilish Ahamoniylar davridan boshlangan va O'rta Osiyo, Eron, Afg'oniston xalqlarida eng katta bayramlardan biri hisoblangan. Qadimiy pahlaviy kitoblardagi ma'lumotlarga asoslanib, Abulqosim Firdavsiy o'zining "Shohnoma" asarida Navro'z bayramining paydo bo'lishini afsonaviy shoh Jamshid nomi bilan bog'laydi. Navro'z bayrami haqidagi ma'lumotlar Abu Rayhon Beruniyning "Qadimgi xalqlardan qolgan yodgorliklar" va boshqa asarlarida, Umar Xayyomning "Navro'znoma" asarida uchraydi. Mahmud Koshg'ariyning "Devonu lug'otit-turk" asarida Navro'zga bag'ishlangan xalq qo'shiqlari keltirilgan. O'rta osiyolik tarixchi olim Abu

Bakr Alnarshaxiy (899— 959) o'zining "Buxoro tarixi" asarida Navro'z kuni Siyovush qabri boshida odamlar xo'roz so'yishlarini va bunga uch ming yildan ortiqroq vaqt bo'lganini yozgan ("Buxoro tarixi", T., 1966). O'rta Osiyo hududida Navro'z bayrami nishonlanganligi to'g'risida boshqa manbalarda ham ma'lumotlar bor.

　　Hozir O'zbekiston hududida yashagan xalqlar ham bu kunni yangi yilning boshlanishi deb quvonch bilan kutib olganlar. Bir necha kun ilgari tayyorgarlik ishlari boshlangan. Bug'doyni undirishga qo'yilgan va uning maysasidan sumalak tayyorlangan, ko'k chuchvara, yalpiz somsa kabi taomlar pishirilgan, otchopar, uloq, kurash singari xalq o'yinlari, sayillar o'tkazilgan, bahor haqida qo'shiqlar kuylangan. Navro'zning birinchi kuni qishloq joylarida bolalar to'p-to'p bo'lib xonadonlar eshigi oldida Navro'zga bag'ishlangan qo'shiq aytishgan. Xonadon egasi ularni sovg'a-salom va yeguliklar bilan siylagan. Bolalar yeguliklarning bir qismini qishloqdagi beva-bechoralarga ulashishgan. Bu udum hozir ham Samarqand va Jizzax viloyatlarining ayrim qishloqlarida saqlangan. Navro'z yangi yil bayramigina bo'lib qolmay, mehnat bayrami ham hisoblangan.

　　Hozir O'zbekistonda ham Navro'z umumxalq bayramlaridan biri sifatida nishonlanadi, 21-mart dam olish kuni deb e'lon qilingan.

　　Har yili shu kuni respublikaning barcha viloyatlaridagi xiyobon va maydonlarda bayram sayillari tashkil qilinadi, konsertlar beriladi. Bir necha kun mobaynida mahallalarda Navro'zga bag'ishlangan tadbirlar o'tkaziladi, sumalak, halim va boshqa tansiq taomlar pishiriladi. Navro'z kunlari hokimliklar, mahallalarning faollari, xayr-ehson tashkilotlari — mehribonlik uylari bolalari, urush va mehnat faxriylari, yolg'iz keksalar huzuriga tashrif buyurib, ularni qutlab, sovg'a-salomlar ulashadi.

** 词语和词组

shams	＜书＞太阳
tengkunlik	昼夜等长
hamal burji	白羊座
dehqonchilik	农业
uyushtirmoq	组织，举办
unmoq	发芽
tansiq	美味的
o'troq	定居的
ko'chmanchi	游牧者
mafkura	意识形态
moslashmoq	适应
Ahamoniylar davri	阿契美尼德王朝时期（也称波期第一帝国时期）
o'lka	地方
tus olmoq	获得……（性质、特点等）
pahlaviy	中古波斯语的
Shohnoma	《列王纪》（亦称《王书》）
afsonaviy	传说的
bag'ishlamoq	献
qabr	墓
xo'roz	公鸡
so'ymoq	宰杀；切
yalpiz	薄荷
otchopar	赛马

uloq	叼羊（乌兹别克等民族的一种马上竞技项目）
yegulik	食物
siylamoq	招待
ulashmoq	连接；联结
xiyobon	林荫道
halim	哈里姆粥（特制的小麦肉糜粥）
xayr-ehson tashkilotlari	慈善机构
faxriy	荣誉的
huzur	住所

** 说一说

1.Savollarga javob bering.

(1) O'zbekiston bayramlari haqida nimalarni bilasiz?

(2) Qaysi bayramlar xalqaro, qaysilari rasmiy bayramlar?

(3) An'anaviy bayramlardan qaysilarini bilasiz?

(4) Navro'z qanday bayram?

(5) Nima uchun Navro'z aynan 21-martda nishonlanadi?

(6) Mustaqillik bayrami qachon nishonlanadi?

(7) Mustaqillikdan keyin O'zbekistonda qanday o'zgarishlar bo'ldi?

(8) O'zbekiston va Xitoyda o'xshash bayramlar bormi? Shu haqida gapirib bering.

2.Quyidagi so'z va so'z birikmalarini davom ettiring.

(1) Bayram …

(2) Navro'z …

(3) Mustaqillik bayrami …

(4) Kun va tun tengligi …

(5) Yangi kun …

(6) Hashar（自愿的社会互助）…

2. Mahalliy taomlar

O'zbek taomlari Markaziy Osiyodagi eng rang-barang ovqatlardan biridir. Mintaqada istiqomat qiluvchi o'troq va ko'chmanchi millatlarning bir necha asrlar davomida to'plangan oshpazlik an'analari bugungi kunda yagona va hammamizga tushunarli bo'lgan o'zbek oshxonasining mazali taomlari majmuasida mujassamlashgan.

** 词语和词组

istiqomat qilmoq	居住
yagona	唯一的；统一的
mujassamlashmoq	体现

2.1 Palov

Pishirish usulining xilma-xilligiga va ishlatiladigan masallig'ining turiga qarab palovning 40 dan ortiq turi bor. Masalan, qovurma palov, ivitma palov, mayizli palov, bedana palov, qazi palov, behili palov, to'g'rama palov, to'y palov, qiyma palov va boshqalar. Palovning sofaki palov (Samarqand viloyati), qorma palov (Qashqadaryo), suzma palov (Xorazm), ugra palov (Surxondaryo) va boshqa turlari ham bor. Palov tayyorlashdagi asosiy jarayonlar: a) yog' dog'lash (yog'ni qozonga solib, oq tutun hosil qilguncha qizdirish); b) zirvak pishirish; v) guruch solish. Guruch terib tozalanib, iliq yoki sovuq suvda 3-4 marta yuviladi. Guruch zirvak yuziga bir tekis qilib solinadi va suv quyiladi. Guruch solingach, kuchli alanga berib, qozon yuzasini bab-baravar qaynatish kerak, aks holda palov "tirik" bo'lib qoladi. Guruch suvni batamom tortgandan so'ng, guruchni kapkir bilan qozonning o'rtasiga gumbaz qilib o'yib, damcho'p suqiladi va damtovoq bilan jips yopib, 20 daqiqacha damlanadi.

** 词语和词组

masalliq	（做饭菜所需的）原材料
ivitmoq	浸泡
mayiz	葡萄干
bedana	鹌鹑
qazi	马肠子
behi	木梨
to'g'ramoq	切碎
qiyma	肉馅
tutun	烟雾
qizdirmoq	加热
zirvak	兹尔瓦克（烹制抓饭时，将肉、胡萝卜、洋葱炒制后用水熬煮且未加入米时的形态）
bir tekis	均匀的

alanga	火焰
bab-baravar	完全一样
aks holda	相反
tirik	活的
batamom	完全，彻底
kapgir	漏勺
gumbaz	穹顶
damcho'p	筷子（烹制抓饭专用，用于在米上插出孔洞的30-50厘米长木棒）
suqmoq	插入
damtovoq	盖锅盘
jips	紧紧的，严实的

2.2 Sumalak

Sumalak — servitamin, xushxo'r va tansiq taom. Tayyorlash usuli: jaydari qizil, qayroqi bug'doy tozalanib, sovuq suv bilan yuviladi. Zanglamaydigan idishga solinib, uch kun ivitib qo'yiladi. Bug'doy nish urgach, toza taxta (teshikchalar ochilgan faner) ustiga 1 — 1,5 sm qalinligida yorug'roq, lekin quyosh nuri tushmaydigan joyga taxtaga yoyiladi va har kuni ertalab suv sepib turiladi. Bug'doy maysasi (ko'k) igna bo'yi bo'lganda (3—4 kundan so'ng) uni bo'laklarga bo'lib, taxtadan ajratib olinadi. Ko'k qiymalanadi yoki o'g'irda tuyiladi va ustidan suv quyib aralashtiriladi, sharbati dokada suziladi. Shu tariqa uch marta sharbat olinib, alohida idishlarda saqlanadi, 0,5 kg undirilgan bug'doy uchun 2 kg bug'doy uni, 1 kg paxta yog'i kerak. Qozonda paxta yog'i dog'lanib sovitiladi. Yoqqa un va birinchi suzilgan sharbat aralashtiriladi va baland olovda qaynatiladi. So'ngra ikkinchi suzilgan sharbat quyiladi, bu ham qaynagach, uchinchi suzilgan sharbat quyilib, baland olovda qaynatish davom ettiriladi. Tagiga olmasligi uchun qozonga yong'oqdek keladigan 15—20 ta silliq toshchalar va 10—12 dona yong'oq yuvib solinadi va yog'och kurakcha bilan beto'xtov kovlab turiladi. Sumalak 10—12 soat qaynatiladi. Tayyor sumalakning rangi och jigarrang, ataladek quyuq, mazasi shirin bo'ladi. Sumalak yetilgach, o'choqning olovi olinib, 5—6 soat dimlab qo'yiladi.

Sumalak qadimdan, ayrim ma'lumotlarga ko'ra 3000 yildan dan beri, bahorni kutib olish, dehqonchilik ishlarining boshlanishi arafasida, Navro'zda tayyorlab kelinadi. 20-asrning 90-yillaridan boshlab sumalak pishirish Navro'z bayramida, ayniqsa, ayollar o'rtasida katta tantana bilan o'tadi.

Sumalak so'zining ma'nosi haqida turli rivoyatlar to'qilgan. Bir rivoyatda qayd etilishicha, qadim zamonlarda bir kambag'al ayolning yosh bolalari bo'lib, qishdan zo'r-bazo'r chiqishadi. Och qolgan bolalari non so'rab yig'lashadi. Nima qilarini bilmagan ona bolalariga "Birpasgina o'ynab turinglar, men sizlarga ovqat pishirib beraman" deb qozonga suv solib tagiga o't qalabdi. So'ngra dalaga chiqib, o'tgan yilgi bug'doyzordan bug'doy tomirlarini, endigina nish ura boshlagan har xil o't-o'lanlarni terib kelib, yaxshilab yuvibdi-da, qozonga solibdi. Un xaltasini qoqib bir-ikki kaft unni qozonga tashlab, qaynata boshlabdi. Tun yarimdan oshgandan so'ng charchab uxlab qolibdi. Tushida "si malak", ya'ni, o'ttiz malak qozonni kavlab, qozonga tuz tashlab pishirib qo'yishgan ekan. Tongda uyg'ongan bolalar "Ona bu ovqatingizni nomi nima?" deb so'rashibdi. Ona esa "Bu malaklarning karomati bilan pishdi. Uning oti "Simalak" - debdi. Bu so'z keyinchalik "Sumalak" bo'lib ketgan, degan naql bor. Buyuk tilshunos olim Mahmud Koshg'ariy o'zininig "Devonu lug'otit turk" kitobida yozishicha: "Suma – ivitilgan bug'doy nomi. Uni quritib tuyiladi.

So'ng undan ugra oshi va non qilinadi. Sharbat uchun qilingan, undirilgan arpa uchun ham bu so'z qo'llaniladi" - deb yozgan. Shunga ko'ra "sumalak" - ivitilgan bug'doy yoki arpa ma'nosini anglatuvchi qadimgi "suma" so'zidan kelib chiqqan deyish mumkin.

** 词语和词组

xushxo'r	引起食欲的
jaydari	本地的
qayroqi bug'doy	硬粒小麦
zanglamoq	生锈
nish urmoq	发芽
bo'lak	部分；块
qiymalamoq	切碎，剁碎
o'g'ir	臼
tuymoq	捣
doka	纱布
tariqa	途径，方法
yong'oq	核桃
silliq	光滑的
kurak	铲子
kovlamoq	挖，翻
atala	白粥
dimlamoq	焖，炖
rivoyat	传说
zo'r-bazo'r	勉勉强强

qalamoq	生炉子
tomir	根
qoqishtirmoq	拼凑，刮集
kaft	手掌
karomat	神力
naql	俗话
arpa	大麦

** 说一说

1.Savollarga javob bering.

(1) Qanday o'zbek taomlarini bilasiz?

(2) Palovning qanday turlari bor?

(3) Palovga qanday masalliqlar ishlatiladi?

(4) Sumalak qanday taom?

(5) Sumalak qachon tayyorlanadi?

(6) Sumalak bilan bog'liq afsonani aytib bering.

(7) Xitoy taomlari haqida gapirib bering.

(8) Ularning o'ziga xosligi nimada?

2.Topishmoqlarning javobini toping.

(1) Osh pishirdim, tuzi yo'q.

(2) Yettisi bir yerga yig'ilsa, beshisi bir yerga yig'iladi.

**Javob: (1) sumalak; (2) palov.

第二单元 >>>>
家庭习俗

❷ BOB. Oilaviy urf-odatlar

1. Tug'ilish bilan bog'liq marosimlar

O'zbeklarda farzand eng ulug' ne'mat hisoblanadi. Farzand har bir oilaning ustuni, avlodning davomchisi deb qaraladi. Shuning uchun farzand tug'ilishidan oldin va u tug'ilganidan keyingi urf-odatlarga alohida e'tibor bilan qaraladi.

** 词语和词组

ne'mat	恩赐
ustun	柱子，支柱

1.1 Farzand tug'ilishidan oldin

Birinchi qirq kun – chilla davri tug'ish paytida bo'lgan ayol uchun o'ta xavfli hisoblanadi. Ba'zi "sehrli" marosimlar ona va bolani yovuz ruhlar ta'siridan himoya qilishi mumkin deb ishonilgan. Masalan, Qashqadaryo vohasida yashovchi aholi o'rtasida homiladorlik, chaqaloq tug'ilishi, uning chilla davri va beshik to'ylari bilan bog'liq bir qator irimlar vujudga kelganki, ular tarixan qadimiy bo'lishiga qaramay hozirda ham ko'pchilik tomonidan, ayniqsa, keksa otaxon-momolari bor xonadonlarda yashab kelmoqda. Bunday irim-udumlarning aksariyati taqiqlovchi irimlardan bo'lib, ular hali tug'ilmagan chaqaloqni yovuz ruhlar xurujidan, "yomon" ko'zlardan va hasadgo'y kishilarning ziyon keltirishidan himoya qilish uchun xizmat qiladi. Bunday odatlar O'zbekistonning markaziy va janubiy vohalarida yaxshi saqlanib qolgan. Xususan, homilador ayol ko'p saqich chaynamasligi lozim, sababi chaqaloqning qulog'i yiringlab, og'rib qolishi mumkin, arqon yoki ip ustidan sakrab o'tmasligi lozim, chunki chaqaloqning kindigi bo'yniga o'ralib nobud bo'lishi mumkin deb qaralgan. Farzand kutayotgan ayol cho'pon tayog'ining ustidan hatlasa, bola xunuk tug'iladi, supurgi yoki taxta o'qlov ustidan sakrasa bolaga zarar yetishi mumkin ekan. Yuqoridagilardan tashqari homilador ayol yolg'iz yurmasligi, mozorga, suv bo'yiga, xilvat joylarga bormasligi kerak ekan. Bunday irimlarga xalq orasida yuksak ishonch ko'zga tashlanadi.

Toshkentliklar orasida oziq-ovqat mahsulotlarini ta'qiqlash bilan bog'liq odatlar mavjud. Masalan, tug'ruqdagi ayolga qirq kun davomida "sovuq" ovqat beriladi. Janubiy vohalarda esa aksincha, issiq taomlar beriladi. Bu kabi o'ziga xosliklar geografik joylashuv ta'siri ostida vujudga kelgan. Xalq orasida oziq-ovqat ta'qiqlarini buzish tug'ilmagan bolaning tashqi ko'rinishiga ta'sir qilishi bilan tahdid qilingan. Homiladorlik paytida ayol baliq (bola soqov tug'ilishi mumkin), quyon go'shti (yangi tug'ilgan chaqaloq quyonning tashqi belgilariga ega bo'lishi mumkin – quyon labi) va tuya go'shti iste'mol qilmasligi kerak (bu ta'qiq bola tug'ilishi kechikishi bilan bog'liq).

Markaziy Osiyoning ko'plab xalqlarida keng tarqalgan urf-odatlar bo'yicha farzand kutayotgan ayol va chaqaloqning yostig'i ostiga piyoz, pichoq va non qo'yilgan. Eshik tutqichiga esa, odatda, qalampir osib qo'yilgan. Ular yovuz ruhlar o'tkir narsalarni va o'tkir hidlarni yoqtirmasligiga ishonishgan.

** 词语和词组

chilla	四十天
sehr	魔法，巫术
yovuz	恶的
voha	绿洲
homilador	怀孕的
irim	迷信
aksariyat	多数
taqiqlamoq	禁止
xuruj	发作
hasadgo'y	好嫉妒的人
ziyon keltirmoq	伤害，危害
saqich	口香糖
yiringlamoq	化脓
arqon	绳子
kindik	肚脐
nobud	身亡
cho'pon	牧人
hatlamoq	跳过

o'qlov	擀面杖
mozor	麻扎，墓地
xilvat	偏僻的
tug'ruq	分娩
tahdid	威胁
soqov	哑巴
quyon	兔子
tuya	骆驼
yostiq	枕头
o'tkir	尖锐的

1.2 Farzand tug'ilishi va unga ism qo'yish

Oilada bola tug'ilishidanoq chilla davriga katta e'tibor berilgan. Chaqaloq tug'ilganidan so'ng yo'ldosh tushganidan boshlab, keyingi 6-8 haftalik muddat chilla davri hisoblangan. Farzand ko'rgan ayol va uning chaqalog'i chilla davri davomida maxsus sharoitda saqlanib, turli ins-jinslar va kasalliklardan himoyalangan. Chilla davrida baxtsizlik sodir bo'lmasligi uchun ona va bola yolg'iz qoldirilmagan, xonada esa chiroq yonib turishi kerak bo'lgan. Bunday xona "chillaxona" deyilgan. Chilla davrida bolaning ota-onasi shomdan keyin ko'chaga chiqishmagan, shom paytidan so'ng uyga kelgan har qanday odam bola yotgan xonaga kiritilmagan. Shuningdek, xonadonning boshqa a'zolari ham go'dakka, uning ota-onasiga ko'rinmasligi kerak bo'lgan. Bunda momolar dastlabki yigirma kunni "kichik chilla", dastlabki qirq kunni esa "katta chilla" deb atagan. Bu paytda bolaning yuvilgan kiyimlari qorong'ida qoldirilmagan. Agar zarurat bo'lib ona va bola qorong'ida qolib ketsa, bolaning qo'yniga non solib qo'yilgan. Bosh kiyimiga ko'zmunchoq taqilgan.

  Birinchi bola tug'ilgandan so'ng beshikni chaqaloqning ona tomonidagi bobo-buvilari olib kelishi shart edi. Odatda, bolani beshikka solish uchun "baxtli kunlar" – dushanba, chorshanba va juma kunlari tanlangan. Agar oilada ko'p bola tug'ilsa va beshik bir boladan ikkinchisiga o'tsa, u bola "baxtli" hisoblanadi. Agar, aksincha, oilada bola vafot etgan bo'lsa, unda vafot etgan bola yotgan beshik bexosiyat, baxtsizlik olib keluvchi beshik sifatida "aybdor" qilingan. Chaqaloqni beshikka yotqizishdan oldin doya momo maxsus mato yoqib beshik atrofida uch marta aylantirib: " Mening qo'lim senga tegsin, qayg'u emas, mening qo'lim emas azizlarning qo'li, sizning uyqungiz ayiqnikidek bo'lsin, archa kabi uzoq umr ko'ring" - deb niyat qilingan.

  Bola beshikka solinadigan kuni qishloqning barcha ayollari chaqirilgan. Beshikka yotqizishdan oldin o'z navbatida ko'zgu, taroq, supurgi, kamon va kichkina kulcha non qo'yishgan. (Tosh va supurgi oyog'iga, qolganlari yostiq ostiga) qo'yilgan. Har safar uyda non pishirilganda eski kulcha non yangisiga almashtirilgan. Beshikka ko'zgu va taroq solinishiga sabab esa, bu buyumlar chaqaloq boshini yumaloq shaklga keltiradi degan ishonch bo'lgan. Samarqandda beshikka solish marosimini bolaning buvisi amalga oshirgan. Buvi chaqaloqni qo'liga olib, so'ngra esa beshikga avval o'ng, keyin chap tomondan yotqizish davomida: O'ngga bo'l, chapga bo'l, katta bola bo'l,- deya xirgoyi qilgan. Undan so'ng esa bola qulog'iga pichirlab uning ismini aytgan. O'qlovni chaqaloqning o'ng va chap tomonlariga tekkizib, bolaga "onang baqirsa qo'rqma, otang baqirsa qo'rqma, akang baqirsa qo'rqma, opang baqirsa qo'rqma" deb xirgoyi qilgan. Shundan so'ng qarindoshlar beshik ustidan turli shirinliklar va mayizlar sochishgan. Bolalar esa ularni yig'ib olishgan. Bo'sh beshikni tebratish mumkin bo'lmagan. Chunki bu oila uchun yomonlik belgisi deb hisoblangan. Chaqaloqning kindigi tushgandan so'ng uni chaqaloq beshigining bosh tarafiga ilib qo'yganlar. Agar oilada farzandlar soni ko'p bo'lgan bo'lsa, barcha kindiklar birgalikda osib qo'yilgan. Bunda barcha bolalar birgalikda ahil-inoq bo'lsinlar degan tilak ifodalangan.

Chaqaloqqa ism qo'yish inson hayotidagi eng muhim voqea hisoblanadi. Qadimda podsho, xon va boshqa nufuzli amaldorlar o'z farzandlariga ism qo'yish uchun olim, munajjimlar bilan maslahatlashishgan. Odatda oilaning birinchi farzandiga momo-buva, qolganlariga ota-ona ism tanlaydi. Ism go'zal ma'noli bo'lib, u bola tarbiyasiga ham o'z ta'sirini ko'rsatishi, bolani yomon xulq-atvordan asrab turishi lozim.

Ba'zi chaqaloqlar badanida qandaydir ortiqcha belgilar bilan tug'iladi. Masalan, xol, toj, qizil tamg'a, ortiqcha barmoq va shunga o'xshash. Bu nuqson va belgilar bolalarga ism berishda hisobga olinmasa, ular bolaning sog'lig'i, hayoti va kelajak turmushiga xavf tug'diradi deb tushunilgan. Shuning uchun ham ularga o'sha ortiqcha belgilar nomidan yasalgan ismlar qo'yilgan. Chunonchi, Xolboy, Xolbibi, Anor, Toji, Tojixon kabilar. Shuningdek, bolaga tug'ilgan fasli, oyi, mavsumiga qarab ism qo'yish odati ham bo'lgan. Masalan, Bahor, Navro'z, To'ychi, Bayram kabi. Qozoq, qoraqalpoq, o'zbeklarning ayrim urug'larida bola tug'ilgan zahoti bolaning otasi o'tovdan tashqariga chiqib, taomilga ko'ra, ko'ziga birinchi bo'lib ko'ringan narsa yoki jonivorning nomini qo'yish an'anasiga amal qilingan. Shu tariqa Qo'chqor, Arslon, Burgut, Qaldirg'och, Bo'riboy, Ovulbek kabi ismlar paydo bo'lgan.

Yolg'iz farzand yoki ketma-ket tug'ilgan bolalarga Hamro, Yo'ldosh, Ergash, Tirkash kabi ismlar qo'yilish ananasi bo'lgan. Agar shunday ismlar qo'yilmasa, bolalar uzoq umr ko'rmaydi, deb ishonilgan. Agar ketma-ket ikki o'g'il tug'ilsa, ikkinchisiga Jo'ravoy, ikki qiz tug'ilsa Jo'ragul, egizak farzandlardan so'ng qiz tug'ilsa Xadicha, o'g'il tug'ilsa, Tohir yoki Yunus, tug'ruq chog'ida ona vafot etsa, tug'ilgan farzand agar qiz bo'lsa Nusxa, agar o'g'il bo'lsa Yodgor deb ism qo'yilgan. Ko'p yillar farzand ko'rmasdan so'ng farzandli bo'lgan yoki bolalari tug'ilmasdan vafot etgan oilalar farzandlariga Tursunboy, Ko'paysin, Berdi, Toshtemir, Toshpo'lat, Oytosh, Tilov, To'xtasin, Turg'un, Mahkam kabi ismlar qo'yishgan. Ketma-ket qiz farzand ko'rganlar keyingi farzandi o'g'il bo'lsin deb O'g'iloy, Qizmon, Adash, Yanglish kabi ismlar qo'yishgan. Biror belgi yoki nuqson bilan tug'ilgan farzandlarga o'sha nuqson yoki belgi oti qo'yilgan. Masalan, nafas olishda nafasi tomoqdan xirillab o'tsa - Xurram; chaqaloqning nafas olishi qiyin bo'lsa – Ochil, tanasida oq dog'i bo'lsa Oppoq, Oqmamat, Oqqo'zi, tanasida qizil xol bo'lsa – Nor, Norboy, Norgul, tanasida xol bo'lsa - Xol, Xolyor, Xolida, Xolmomo, Xolchuchuk, agar bola biror kamchilik bilan tug'ilsa – Qudrat, Karomat, Xosiyat, Xislat, Hikmat kabi ismlar qo'yilgan. Agar chaqaloq injiq bo'lsa va o'zini yaxshi his qilmasa, kimdir bolani "jinxo'r" qilgan deb ishonilgan. Bunday hollarda birinchi navbatda bolani xavfli odamlardan himoya qilishga uringanlar.

** 词语和词组

yo'ldosh	同志；胎盘
ins–jins	邪灵，恶魔
go'dak	婴儿，幼儿
qorong'i	黑暗
ko'zmunchoq	眼珠
ilashmoq	钩，挂

beshik	摇篮
vafot etmoq	去世
bexosiyat	不吉利的
aybdor	有罪的
doya	产婆
mato	布
qayg'u	忧伤
ayiq	熊
taroq	梳子
kamon	弓
kulcha	小圆馕
yumaloq	圆的
xirgoyi qilmoq	低吟
pichirlamoq	低声说
qo'rqmoq	害怕
tebratmoq	摇
ahil–inoq	友好和睦
munajjim	占星家
xulq-atvor	品性
ortiqcha	多余的
toj	冠
barmoq	指头
nuqson	缺陷
zahoti	时刻
o'tov	毡房
taomil	惯例，习俗

jonivor　　　　　　　生物
xirillamoq　　　　　　发出呼哧声
injiq　　　　　　　　任性，好挑剔的

** 说一说

Savollarga javob bering.

(1) Chilla nima?

(2) Chillada tuqqan ayol va chaqaloq nima qiladi?

(3) Homilador ayol qorong'ida nima qilishi kerak?

(4) Homilador ayol qayerlarga bormasligi kerak?

(5) Toshkentda tuqqan ayol qanday taomlarni yeydi?

(6) Birinchi farzandga kim ism qo'yadi?

(7) Qanday buyumlarning nomlari ism qilib qo'yilgan va nima uchun?

(8) Ism qanday ma'no anglatishi kerak?

(9) Chaqaloqning onasi vafot etsa, unga qanday ism berilgan?

(10) Ketma-ket tug'ilgan chaqaloqlar vafot etsa, ulardan keyin tug'ilgan chaqaloqlarga nima deb ism berishgan? Nima uchun?

(11) Xitoyda ham farzandli bo'lishdan oldin turli irimlar bormi?

(12) Xitoyliklarning bu boradagi qaysi odatlari o'zbeklarnikiga o'xshaydi?

2. To'y marosimlari

To'y — bazm-tomosha va ziyofat bilan nishonlanadigan xalq marosimlarining umumiy nomidir. O'zbeklarda uylanish to'yi, beshik to'yi, xatna to'yi, hovli to'yi va boshqa turdagi to'ylar o'tkaziladi. To'ylarni o'tkazish jarayonida insonparvarlik, izzat-ikrom, mehribonlik, mehmonnavozlik, inoqlik kabi olijanob fazilatlar yorqin o'z ifodasini topadi. Inson zotini qadrlash, hurmatlash va ulug'lashda to'ylar beqiyos qimmatga ega. To'y bir kishining shaxsiy ishi bo'lmay, u keng jamoatchilik tashabbusi va ishtiroki bilan o'tadigan tantanadir. Shuning uchun to'ylarni zamon talabi darajasiga ko'tarish doimo muhim hisoblanadi. To'ylarni o'ziga xos bayram tarzida tashkil etish, ularni har tomonlama tartibga solish, ixchamlashtirish, ayniqsa, badiiy jihatdan boyitish hozirgi davr talabidir.

Bugun ijtimoiy tarmoqlar qanday vazifani bajarayotgan bo'lsa, avvallari to'ylar xuddi shunday vazifani bajargan. Odamlar to'yga qorin to'ydirish uchun bormagan, yangi ma'lumot olgan, o'z hayotida bo'layotgan yangiliklarni boshqalar bilan bo'lishgan.

** 词语和词组

bazm-tomosha	娱乐性聚会
ziyofat	宴会
to'y	婚礼
beshik to'yi	摇篮礼
xatna to'yi	割礼
insonparvarlik	人道主义；仁爱
izzat-ikrom	崇高的敬意
fazilat	品质
inson zoti	人类
jamoatchilik	公众；民意

tashabbus	倡议；主动性
ixchamlashtirmoq	使合理化，使简化
badiiy	艺术的，文艺的

2.1 To'y haqida

　　Urf-odatlar har qanday xalqning hayotida muhim rol o'ynaydi. Ayniqsa, to'y va ma'rakalarda ular yaqqol ko'zga tashlanadi. Vaqt o'tgani sayin urf-odatlarni ham zamonga moslab borish lozimmi yoki ibtidoiy ko'rinishda qoldirish kerakmi? Etnograf Adhamjon Ashirov fikricha, har bir xalqning urf-odatlari va marosimlari millat qanday ekanini ko'rsatuvchi etnik pasporti hisoblanadi. O'zbeklarning marosimlarini katta uch turkumga bo'lishimiz mumkin Bu marosimlarning tarixiy o'zagiga qaraydigan bo'lsak, jamoaning o'rni nechog'lik muhim ekani ko'zga tashlanadi. Tarozining bir pallasiga marosim ishtirokchilarining fikrini, yana bir pallasiga jamoa fikrini qo'yadigan bo'lsak, jamoaning fikri tosh bosadi. Chunki ajdodlarimiz azaldan jamoaviy hayot kechirgan. Aks holda, bu mintaqada hayot kechirish birmuncha og'ir bo'lgan. Vaqt o'tib, turmush sharoiti yaxshilanib borgani sari urf-odatlar ham jamiyat hayotida ro'y berayotgan o'zgarishlarni o'ziga singdirib borgan.

　　Lekin so'nggi vaqtlarda paydo bo'layotgan an'analarning hammasining ham mazmun-mohiyatini bilmaymiz. Ularni odamlarga ko'r-ko'rona ergashib amalga oshiramiz. Bir millatga tegishli bo'lsa-da, hududlarga bog'liq holda urf-odatlarda farq bo'ladi. Bunda o'sha muhit, shart-sharoit rol o'ynaydi, albatta.

　　Urf-odatlar shakllanishida nafaqat xalqlarning qadriyatlari, balki geografik joylashuvi ham muhim ahamiyat kasb etadi. Misol uchun O'zbekistonning janubiy qismi— Surxondaryo, Qashqadaryoda ko'proq to'y tantanalari, ayniqsa, sunnat to'yi katta e'tibor bilan o'tkazilishini ko'rishimiz mumkin. To'y marosimlarida minglab odamlarni chaqirib uloq musobaqalar o'tkazish keng ommalashgan.

Buxoro yoki Samarqandda azaliy o'troq xalqlarga xos bo'lgan an'analar, misol uchun tog'aning o'rni, kelin-kuyovning o'rni, turli vazifalarni bajaruvchi odamlarga ko'proq e'tibor beradi.

Bularning negizida millatning o'tmish tarixi, o'zbeklarning o'tmishi bilan bog'liq turfa xil qarashlar, an'analar aks etgan.

Bugun globallashuv davrida qo'shni xalqlardan – g'arbdan, sharq mamlakatlaridan yangi odatlar kirib kelmoqda. Ularni targ'ib qilishdan oldin bizning mental xususiyatlarimizga qanchalik mos yoki mos emasligini anglashimiz kerak.

Buning uchun millatning o'tmishi bilan, milliy an'analari bilan bog'liq xususiyatlarini chuqurroq tushunishimiz kerak.

Qadimdan yigit kishi deganda mard, jasur odam tushunilgan. Erkaklar safiga qo'shish uchun bir nechta sinovlardan o'tkazilgan. Misol uchun to'yidan oldin otda choptirib, o'tin yordirib, kamondan o'q uzdirib ko'rishgan. Bu bilan u jamiyatga qanchalik kirishib keta oladi, o'z o'rnini topib, bir oilani eplab keta olishi sinovdan o'tkazilgan.

** 词语和词组

ma'raka	（为婚、丧等举办的）仪式、宴请
yaqqol	明显的
ibtidoiy	原始的
etnograf	民族学家

etnik	民族，族群
turkum	种类
o'zak	核心
nechog'lik	多么
tarozi	秤
palla	秤盘；阶段
ajdod	祖辈
ro'y bermoq	发生
singdirmoq	使融合
mazmun–mohiyat	意义，本质
ergashmoq	跟随
azaliy	历来的
vodiy	山谷
negiz	基础
globallashuv	全球化
targ'ib qilmoq	宣传
o'tin yormoq	劈柴
o'q uzmoq	射（箭）
eplamoq	做好，胜任

2.2 O'zbek to'yi

O'zbek to'yi — kelin va kuyovning jamoatchilikka ma'lum qilish tantanasi. Bu marosim davrlar o'tishi bilan qisman o'zgarib borgan va har bir etnik guruhda o'ziga xos xususiyatlari bilan o'zaro farq qilgan. O'zbek xalqining qadimiy to'ylari tizimida bir qancha marosimlar mavjud: sovchilik, unashtirish, uy ko'rar (qiz ko'rar), fotiha to'yi, to'y yuborish, qiz oshi (qizlar majlisi), kelin tushdi, kelin salom, challari, quda chaqiriq kabi marosimlar va ular bilan bog'liq urf-odatlar. Ularning aksariyati hozirgacha saqlanib, amal qilinib kelinadi. To'y kuni yoki bir kun oldin qiz tomonga to'yning oshi pishirib, yoki xomligicha yuboriladi. Qiz xonadonida jamoaga osh tortiladi. Ba'zan kuyovnikida ham osh beriladi. To'y kuni yoki bir kun oldin qizning otasinikida marosim o'tkaziladi. Kuyov yaqin jo'rasi, tog'asi bilan bo'lajak kelin xonadoniga borgan. Qadimiy o'zbekchilik udumiga ko'ra, to'y tantanalari kuyovnikida o'tkaziladi. To'y oqshomi kuyov jo'ralari bilan, karnay-surnay, childirma-yu nog'ora sadolari ostida sho'x o'yin-kulgi va zavqli qiyqiriqlar bilan kelinnikiga keladi. Ular chimildiq tortilgan xonada, noz-ne'matlar to'la dasturxon atrofida siylanadilar.

Suyuq ovqat, osh yeb bo'lingach, kuyov jo'ralaridan biri kelin tomondan kuyov sarposini "sotib oladi". Kuyovni unga qizning onasi tayyorlagan chopon, salla kiygiziladi. Kuyov jo'ralar muborakbod etgach, sunray xonishi ostida kuyovni qizning onasi, xola-ammalari bilan ko'rishgani olib kelishadi. Ona va buvining oq fotihasi, ni olib kuyov o'z jo'ralari bilan uyiga qaytadi. Kelinga oq libosini kiydirib, otasi, buvasi va tog'a, amaki kabi yaqin qarindoshlar bilan xayrlashgani olib chiqadilar. Kelin yangalari, dugonalari davrasida otasining oldiga kelib, ta'zim ila bergan non-u tuziga rozilik so'raydi. Otasi qizining peshonasidan o'pib, yelkasidan quchib roziligini bildiradi, baxt tilaydi. Qiz onasi oldiga borib "onajon, bergan oq sutingizga rahmat" deb bag'riga singib rozi-rizolik so'raydi. Kelin mashinaga chiqmasidan avval ota unga oq fotiha beradi, baxt tilaydi. Ishtirokchilarning hammasi unga jo'r bo'ladilar. Eng qadim odatimizga muvofiq kelin kuyovning uyiga qadar yor-yor bilan kuzatib qo'yiladi. Bu odatlar har viloyatda, qishloqlarda o'ziga xos tarzda o'tkaziladi.

** 词语和词组

sovchi	媒人
unashtirmoq	订婚
quda	亲家
xomlik	未熟态
jo'ra	朋友
burch	义务，职责
yanga	嫂子
karnay	卡尔奈（铜制长喇叭，吹奏乐器）
childirma	手鼓
nog'ora	定音鼓
zavqli	兴高采烈的
qiyqiriq	高呼声，喧闹声
chimildiq	床幔；洞房
sarpo	（婚礼上的）新装
chopon	裕袢，长袍
xonish	歌唱
oq fotiha	祝福
libos	衣裳
davra	小圆圈
ta'zim ila	鞠躬礼
rozilik	同意
peshona	额头
yelka	肩膀
muvofiq	与……相适的；依照

yor–yor （送新娘时唱的）歌曲

** 说一说

1. Savollarga javob bering.

(1) O'zbeklarda qanday to'ylar bor?

(2) To'ylar har bir millat uchun qanday ahamiyatga ega?

(3) Qadimda to'ylar qanday vazifalarni bajargan?

(4) Hamma urf-odatlar ham bugungi kunda ahamiyatlimi?

(5) Sizning tug'ilgan yurtingizda qanday to'y turlari mavjud?

(6) Xitoy va o'zbek to'ylarida o'xshash jihatlar bormi?

(7) Sizning mahalliy hududingiz to'ylari haqida gapirib bering.

2. To'y haqida maqollarni o'qing.

(1) Atala bo'lsa ham to'y bo'lsin.

(2) Kelinning keldisi yaxshi, to'yning bo'ldisi yaxshi.

(3) To'y ginasiz bo'lmas.

(4) To'y siltovi bilan to'n bitar.

(5) To'y — to'nliniki.

(6) To'yga borsang, to'yib bor, yomonliging qo'yib bor.

(7) To'yning bo'ldi-bo'ldisi qiziq.

(8) Har kim to'ygan to'yini maqtar

第三单元 >>>>
城市与生活

Ⅲ BOB. Shahar va hayot

1. Afsonaviy, qadimiy shaharlar

Buyuk Ipak yoʻlida joylashgan Oʻzbekiston, shubhasiz, Gʻarb va Sharqni iqtisodiy, siyosiy, madaniy jihatdan bogʻlashga xizmat qilgan.

Qadimdan shaharlar orqali karvon yoʻllaridan ilm, madaniyat, taraqqiyot ham oʻtgan. Samarqand, Buxoro, Toshkent, Xiva kabi shaharlar gurkirab yashnashi bilan birga dunyo tamadduniga ham oʻz hissasini qoʻshgan.

** 词语和词组

karvon	商队
gurkiramoq	欣欣向荣
yashnash	繁荣
tamaddun	<书>文明

1.1 Buxoro

Buxoro - Buxoro viloyatning ma'muriy, iqtisodiy va madaniy markazi. O'zbekistonning janubiy-g'arbida, Zarafshon daryosi quyi oqimida, Toshkentdan 616 km. uzoqlikda joylashgan. Maydoni 143.0 ming km2. Buxoro 2 ta shahar tumani (Fayzulla Xo'jayev va To'qimachilik)ga bo'lingan. Aholisi 289 ming kishi (2023). Buxoro — Sharqning mashhur qadimiy shaharlaridan biri. Arxeologik ma'lumotlarga ko'ra, Buxoroga miloddan avvalgi 1-ming yillik o'rtalarida asos solingan. Uning nomi ilk o'rta asr Xitoy manbalarida turlicha (An, Ansi, Ango, Buxo, Buku, Buxe, Buxaer, Buxuaer, Buxala, Buxuala, Fuxo, Puxuala va b.) atalgan. Bu atamalardan avvalgi uchtasi Buxoroning xitoycha nomlari bo'lib, qolgani "Buxoro" so'zining xitoy tilidagi talaffuzidir.

Buxoro atamasi sanskritcha "vixora" so'zining turk-mo'g'ulcha shakli — "buxor" ("ibodatxona") dan kelib chiqqan deb taxmin qilingan. Keyingi tadqiqotlarda bu atama sug'diycha "bug'" yoki "bag" ("tangri") hamda "oro" ("jamol") so'zlaridan iborat bo'lib, "tangri jamoli" degan ma'noni anglatadi, degan fikr ilgari surilmoqda.

Buxoroning Buyuk ipak yo'li chorrahasida joylashganligi ilk davrlardan boshlab hunarmandchilik tarmoqlari (kulolchilik, temirchilik, misgarlik, zardo'zlik, zargarlik, shishasozlik, kandakorlik, badiiy kashtachilik va h.k.) va savdo-sotiq ishlarining rivojlanishiga turtki bo'ldi. Rossiya istilosi davrida bir necha mayda qayta ishlash korxonalari vujudga keldi. 20-asr boshida Buxoroda 12 ta mahalla, 360 dan ortiq guzar, 250 dan ziyod madrasa, 390 ta masjid, qariyb 150 ta karvonsaroy, 350 ta hovuz bo'lgan. Buxoro madrasalarida 10 mingdan ortiq talaba o'qigan. Buxoroda 1920-yillardan boshlab sanoat korxonalarining soni va salmog'i ortib bordi. Viloyat hududida gaz va neft konlarining topilishi shaharda yangi sanoat tarmoqlarini rivojlantirishga asos bo'ldi. Uysozlik, madaniy-maishiy xizmat tarmoqlarini barpo etish jadallashdi. Obodonlashtirish va ko'kalamzorlashtirish ishlari tubdan yaxshilandi. Xalqaro va mahalliy turizm yo'lga qo'yildi. Hozirgi kunda Buxoroda 30 dan ortiq yirik sanoat korxonasi mavjud.

Buxoroda 100 dan ortiq yirik tarixiy me'moriy yodgorliklar: Buxoro arki, Somoniylar maqbarasi, Chashmai Ayyub maqbarasi, Poyi kalon ansambli, Qal'a devor qoldiqlari, Minorai kalon, Mir Arab madrasasi, Tim va toqilar, Labi hovuz ansambli, Ulug'bek madrasasi, Chor minor, Sitorai Mohi Xosa ansambli va boshqalar saqlangan. Bular shaharning yangi qismidagi zamonaviy ko'p qavatli binolar (hokimiyat uyi, "Buxoro", "Zarafshon", "Varaxsha", "Guliston" mehmonxonalari) bilan uyg'unlashib ketgan.

Buxoro yirik ilm-ma'rifat, ma'naviyat markazlaridan. 1996-yil martdan O'zbekiston Fanlar Akademiyasi Samarqand bo'limining Buxoro mintaqaviy markazi faoliyat ko'rsatmoqda. 1997-yilda 3 ta oliy o'quv yurti (davlat universiteti, oziq-ovqat va yengil sanoat texnologiyasi instituti, tibbiyot instituti), 5 ta kollej, 3 ta akademik litsey, tarix faniga ixtisoslashgan maktab, 47 ta umumiy ta'lim maktabi, 89 ta maktabgacha ta'lim muassasalari, 28 ta ommaviy kutubxona, Buxoro davlat me'moriy badiiy muzey qo'riqxonasi, 2 ta teatr mavjud. "Buxoro haftanomasi" gazetasi chiqadi.

** 词语和词组

ma'muriy	行政的
quyi oqim	下游
arxeologik	考古学

talaffuz	发音
sanskrit	梵文
ibodatxona	寺庙
taxmin qilmoq	推测
sug'd	粟特
tangri	上帝，天
jamol	美
ilgari surmoq	提出
chorraha	十字路口
kulolchilik	陶器业
temirchilik	铁匠工艺
misgarlik	铜匠工艺
zardo'zlik	金织工艺
zargarlik	珠宝匠工艺
shishasozlik	熔炼玻璃工艺
kandakorlik	金属压花和雕刻工艺
kashtachilik	刺绣工艺
istilo	占领，侵占
guzar	小集市
hovuz	池塘
salmoq	重量；比重
uysozlik	房屋建造业
jadallashtirmoq	加快，促进
obodonlashtirmoq	促进繁荣
ko'kalamzorlashmoq	绿化
maqbara	陵墓

qoldiq	残余；遗址
tibbiyot	医学
ixtisoslashmoq	专业化
qo'riqxona	保护区

1.2 Samarqand

Samarqand - Samarqand viloyatidagi shahar. Viloyatning ma'muriy, iqtisodiy va madaniy markazi (1938-yildan). 1925-30-yillarda O'zbekiston Respublika poytaxti bo'lgan. O'zbekistonning janubiy-g'arbida, Zarafshon vodiysining o'rta qismida (Darg'om va Siyob kanallari orasida) joylashgan. O'rtacha 695 m balandlikda. Toshkentdan 300 km. Samarqanddan Toshkent—Dushanbe, Toshkent—Turkmanboshi, Toshkent—Uchquduq—Qo'ng'irot temir yo'llari, Katta O'zbekiston trakti (Toshkent— Termiz yo'li) o'tadi. Shahar aholisi va xo'jaliklari Shovdor, Bog'ishamol ariqlaridan suv oladi.

Tarixiy yozma manbalarda Samarqandning yoshi qadimiyligi to'g'risida ma'lumotlar bor. Muhammad an Nasafiy "al-Qandfiy zikri ulamoi Samarqand", Xaydar as-Samarqandiy (12-a.) "Qandiyai Xurd", Abu Tohirxo'ja Samarqandiy "Samariya", Xitoy tarixchisi Chjang Syan(Zhang Qian), yunon va rimlik tarixchilar Arrian, Kursiy Ruf va boshqa ko'plab mualliflarning asarlarida bu haqda yozib o'tilgan. Shu bois o'rta asrlardan Sharqda ommalashib ketgan maqollardan birida "G'arbda Rim, Sharqda Samarqand" deyilgan. Samarqand va Rim insoniyat taqdiridagi buyuk xizmatlarini nazarda tutib "Boqiy shaharlar" nomini olganlar. Xalq iborasi "Samarqand sayqali ro'yi zaminast" (Samarqand yer yuzining sayqali (jilosi)) deya behuda aytilmagan. Amir Temur Samarqandni o'zgacha mehr bilan qadrladi, obod qildi, dunyoning sayqaliga aylantirdi.

"Samarqand" so'zining kelib chiqishi to'g'risida bir qancha taxmin va gipotezalar mavjud. Sharq mualliflari "Samarqand" so'zining birinchi qismi, ya'ni "Samar" so'zi shu shaharga asos solgan yoki shaharni bosib olgan kishining nomi deb hisoblab, bir qancha sun'iy ta'riflarni taklif etdilar. Biroq tarixda bunday ismli kishi to'g'risida ma'lumotlar aniqlanmagan. So'zning ikkinchi qismi "kent" (kand) — qishloq, shahar degan ma'noni bildiradi. Ba'zi yevropalik olimlar, bu nom qadimdan qolgan, sanskritcha "Samarya"ga yaqin, ya'ni "yig'ilish, yig'in" so'zidan kelib chiqqan deb izohlaydilar. Antik mualliflarning asarlarida shahar Marokanda deb atalgan. Bu haqiqatga ancha yaqin bo'lib, Marokanda — Samarqand atamasining yunoncha aytilishidir. XI asr olimlaridan Abu Rayhon Beruniy va Mahmud Koshg'ariy shahar nomining kelib chiqishini "Semizkent", ya'ni "semiz qishloq" so'zining buzib talaffuz qilinishi deb tushuntiradilar. Samarqand jahonning eng qadimiy shaharlaridan biri — 2700 yildan ortiq tarixga ega. Samarqand mil. av. IV asrdan milodiy VI asrgacha Sug'd davlatining poytaxti bo'lgan. Arxeologik qazishmalardan ma'lum bo'lishicha, yuqori paleolit davrida ham Samarqand hududida odamlar yashagan.

Samarqand bunyod bo'lganidan buyon u O'rta Osiyoning siyosiy, iqtisodiy va madaniy hayotida katta mavqega ega bo'lib keldi. Shaharning Buyuk ipak yo'li chorrahasida joylashganligi, bu yerda qadimdan hunarmandchilikning shoyi to'qish, mashhur Samarqand qog'ozi ishlab chiqarish, kulolchilik, temirchilik, novvoylik, qandolatchilik, badiiy kashtachilik va boshqa turlari hamda savdo-sotiq ishlarining rivojiga turtki bo'ldi. Samarqandda qadimdan ravnaq topgan hunarmandchilik turlari mahalla guzarlarning nomlarida saqlanib qolgan, masalan "So'zangaron" (igna tayyorlovchilar), "Kamongaron" (o'q-yoy yasovchilar) va boshqa nomlar hozirgi kungacha yetib kelgan.

 Samarqand qadimiy tarixi va me'moriy yodgorliklari tufayli butun dunyo tan olgan haqiqiy muzey shahriga aylandi. Shu bois Respublika hukumati qarori bilan1982-yilda Samarqandning Afrosiyob shahristoni, oʻrta asrlarda bunyod etilgan me'moriy yodgorliklar va XIX—XX asrlarda qurilgan "Yangi shahar"dagi binolar, tarix va oʻlkashunoslik muzeylari asosida "Samarqand davlat birlashgan tarixiy me'moriy muzey qoʻriqxonasi" tuzildi. Oʻsha yilda shaharning tarixiy qismini muhofazalash chegaralari belgilandi. Samarqandning me'moriy-tarixiy yodgorliklari 2001-yilda YUNESKOning Finlyandiyada oʻtkazilgan 25-sessiyasida Jahon merosi roʻyxatiga kiritildi. Samarqandda 73 ta yirik tarixiy me'moriy yodgorlik: Registon ansambli, Shohi Zinda ansambli, Amir Temur maqbarasi, Ulugʻbek rasadxonasi, Ruhobod maqbarasi, Abdidarun majmuasi va boshqalar saqlangan.

** 词语和词组

trakt	大道
ariq	沟渠
yunon	希腊
muallif	作者
taqdir	命运
boqiy	永恒的
sayqal	装潢，装饰
behuda	无益的，徒劳的
gipoteza	假说
sun'iy	人工，人造

ta'rif	描写；定义
izohlamoq	说明，解释
antik	古希腊、罗马的
qazishma	（考古）挖掘
paleolit	旧石器时代
mavqe	地位
shoyi	丝绸
novvoylik	烤面包手艺，烤馕手艺
qandolatchilik	制糖业
ravnaq topmoq	发展，繁荣
bunyod etmoq	出现
o'lkashunoslik	方志学，区域研究
YUNESKO (UNESCO)	联合国教科文组织
ro'yxat	清单，名录
rasadxona	天文台

** 说一说

Savollarga javob bering.

(1) Samarqand qayerda joylashgan?

(2) "Buxoro" so'zi qaysi so'zdan kelib chiqqan?

(3) Samarqand qaysi yillari O'zbekistonning poytaxti bo'lgan?

(4) Buxoroda qanday tarixiy obidalar bor?

(5) Samarqandda nechta tarixiy obida mavjud?

(6) Buxoro qaysi viloyatning markazi hisoblanadi?

(7) Samarqand mahallalari haqida gapirib bering.

(8) Samarqand va Buxoro Xitoyning qaysi shaharlari bilan o'xshash?

2. Shahar va jamiyat

2.1 O'zbekistonning ma'muriy-hududiy bo'linishi

O'zbekistonning ma'muriy-hududiy bo'linishi 2012-yil holatiga ko'ra uch bosqichga ega: birinchi bosqichga 12 viloyat, Qoraqalpog'iston Respublikasi va Toshkent shahri kiradi. Viloyatlar va Qoraqalpog'iston Respublikasi tumanlarga va viloyatga (respublikaga) bo'ysunuvchi shaharlarga bo'linadi. Toshkent shahri shahar tumanlariga bo'linadi.

Viloyatlar va Qoraqalpog'iston tumanlari tumanga bo'ysunuvchi shaharlarga, shahar tipidagi posyolkalarga (shaharcha) va qishloq fuqarolar yig'inlari (QFY)ga bo'linadi.

Shuningdek, QFYlar viloyatga bo'ysunuvchi shaharlar tarkibiga, shahar posyolkalari (qo'rg'onlar) viloyat (respublika)ga bo'ysunuvchi shaharlar va Toshkent shahrining ichki tumanlari tarkibiga kirishi mumkin.

附 1：O'zbekistonning ma'muriy-hududiy bo'linishi sxemasi①

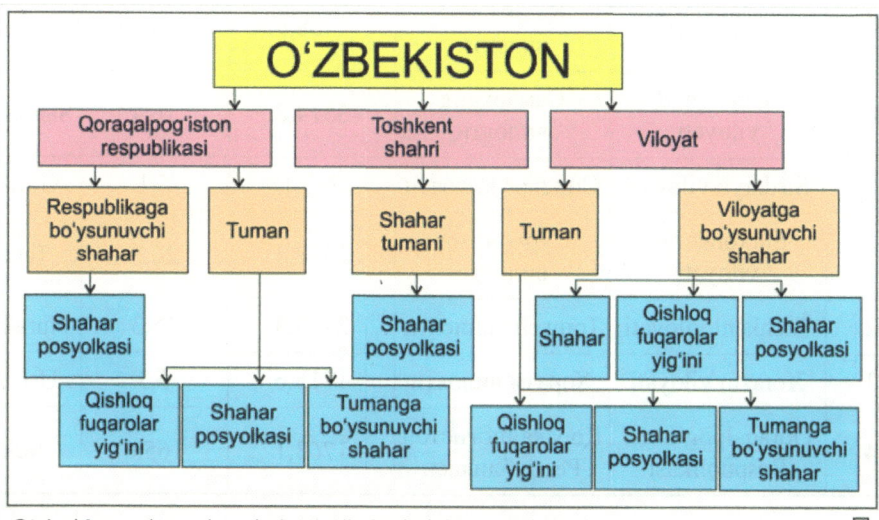

O'zbekistonnig ma'muriy-hududiy bo'linishi sxemasi

附 2：Birinchi tartibdagi ma'muriy-hududiy birliklar

Raqami	Nomlanishi	Kirill alifbosida	Aholisi(2015) ming kishi	Maydoni, ming km²	Markazi
1	Toshkent shahri	Тошкент шаҳри	2371,3	0,3	
2	Andijon viloyati	Андижон вилояти	2857,3	4,2	Andijon
3	Buxoro viloyati	Бухоро вилояти	1785,4	39,4	Buxoro
4	Farg'ona viloyati	Фарғона вилояти	3444,9	6,8	Farg'ona
5	Jizzax viloyati	Жиззах вилояти	1250,1	20,5	Jizzax
6	Namangan viloyati	Наманган вилояти	2554,2	7,9	Namangan
7	Navoiy viloyati	Навоий вилояти	913,2	110,8	Navoiy

---

① 见 https://uz.wikipedia.org/wiki/O%CA%BBzbekistonning_ma%CA%BCmuriy-hududiy_bo%CA%BBlinishi

续表

Raqami	Nomlanishi	Kirill alifbosida	Aholisi(2015) ming kishi	Maydoni, ming km²	Markazi
8	Qashqadaryo viloyati	Қашқадарё вилояти	2958,9	28,4	Qarshi
9	Samarqand viloyati	Самарқанд вилояти	3514,8	16,4	Samarqand
10	Sirdaryo viloyati	Сирдарё вилояти	777,1	5,1	Guliston
11	Surxondaryo viloyati	Сурхондарё вилояти	2358,3	20,8	Termiz
12	Toshkent viloyati	Тошкент вилояти	2758,3	15,3	Nurafshon
13	Xorazm viloyati	Хоразм вилояти	1715,6	6,3	Urganch
14	Qoraqalpog'iston Respublikasi	Қорақалпоғистон Республикаси	1763,1	165,6	Nukus

*Manba: O'zbekistonning ma'muriy-hududiy bo'linishi - Vikipediya (wikipedia.org)

词语和词组

ma'muriy-hududiy bo'linish	行政区划
viloyat	州
tuman	区
bo'ysunmoq	归……管辖，隶属于
posyolka	市镇
qishloq fuqarolar yig'inlari	村委会
qo'rg'on	要塞

2.2 Mahalla

O'zbekistonda ma'muriy-hududiy birlik; o'zini o'zi boshqarishning xalqimiz an'analari va qadriyatlariga xos bo'lgan usuli. Mahalla tarixi qadim zamonlarga borib taqaladi. Tarixiy manbalarda qayd etilishicha, jez davrining yodgorligi bo'lgan Sopollitepada 8 ta oila yashagan. Ularni faqat urug' jamoasigina emas, balki ishlab chiqarish manfaatlari ham birlashtirib turgan. Keyinchalik ularning safiga patriarxat tizim asosida 100 dan ortiq oilalar kelib qo'shilgan. Katta oilalar jamoasini ular orasidan saylangan oqsoqol boshqargan. Oqsoqollar o'z navbatida oliy oqsoqollar kengashiga birlashgan. Oqsoqollar, odatda, jamoa — qishloq hayoti bilan bog'liq barcha masalalarni oliy kengash orqali hal qilishgan.

Mil. av. 3-asrdan mil. 5-asrning boshlarigacha Farg'ona (Parkana) davlatida ham oqsoqollar kengashi muhim vazifalarni hal etgan. Kengash, asosan, sulh tuzish, vazirlar tarkibi va soliqlarni tayinlash, urush e'lon qilish, jamoa ishlariga safarbar etish kabi masalalar bilan shug'ullangan. "Mahalla" atamasi arabcha bo'lib, "o'rin-joy" degan ma'noni anglatgan. U turli mintaqalarda mahallot (joy), guzar, jamoa, elat, elod nomlarda atalib kelingan. Adabiyotlarda mahallalarning ko'p ming yillik tarixga ega ekanligi haqida ma'lumotlar uchraydi. Masalan, Narshaxiy o'zining "Buxoro tarixi" asarida Buxoroda bundan 1100 yil ilgari bir qancha mahallalar bo'lganini qayd etib o'tgan. Alisher Navoiy o'zining "Hayrat ul-abror" asarida mahallani "mahalla shahar ichidagi shaharcha"dir deb ta'riflaydi, Hirot shahri yuz shaharcha ahamiyatiga ega bo'lgan mahallalardan tashkil topganligini aytib o'tadi. Mahallalar, ayniqsa, Amir Temur davrida ravnaq topgan. Mahallalar fuqarolarning kasbkori asosida shakllangan va shunga qarab nomlangan. Masalan, zargarlik, misgarlik, ko'nchilik, pichoqchilik, qoshiqchilik, temirchi, egarchi, taqachi va h. k. Mahalla qadimda mahalliy hokimiyatning o'ziga xos bir shakli, ko'rinishi tarzida faoliyat ko'rsatgan. Mahallani boshqarish jamoatchilik asosida olib borilib, o'zining yozilmagan ichki tartib-qoidalariga ega bo'lib, u hamma uchun birdek qonuniy hisoblangan. Mahalla kichik ma'muriy hudud bo'lishi bilan birga, turmush tarzi, qadriyatlar, an'analar, urf-odatlar umumiyligi bilan bog'langan kishilar jamoasi birligidir. Tarixning turli bosqichlarida davrlar, tuzumlar o'zgarishiga qarab mahallaning vazifalari ham o'zgarib turgan.

20-asrning boshlaridayoq mahallalar daha boshliqlari — mingboshilar saylaydigan yuzboshi (oqsoqollar) tomonidan boshqarilgan. Yuzboshi va uning yordamchilari mahalladagi barcha jamoat ishlari va marosimlarni boshqarganlar, shuningdek, fuqarolarning shahar yig'inlari va shahar muassasalarida mahalla manfaatlarini himoya qilganlar. Mahallaning asosiy vazifalari: marosimlarni birgalikda o'tkazish, o'z hududini batartib saqlash va obodonlashtirish, yosh avlodni ijtimoiy ruhda tarbiyalash, jamiyat hayotida tartib saqlanishini ta'minlash, barcha an'anaviy me'yorlarning bajarilishi ustidan nazorat o'rnatish, urf-odatlarga rioya qilish va ularni buzgan, jamoat majburiyatlaridan bo'yin tovlaganlarni jazolashdan iborat bo'lgan. Mahalla rahbariyati ariq-hovuzlarni tozalash, ko'chalar, yo'llar qurish va mahalla obodonchiligi bilan bog'liq boshqa jamoat ishlarini uyushtirganlar. Bu ishlarning barchasi birgalikda hashar yo'li bilan amalga oshirilgan.

Mahalla jamiyatimizning tuzilmasi sifatida tarixan bir qancha rivojlanish bosqichlarini bosib o'tdi. U 20-asrning 1-choragida o'zining an'anaviy shaklini oldi.

O'zbekiston Respublikasining "Fuqarolarning o'z-o'zini boshqarish organlari haqida"gi (yangi tahrirda) qonuni qabul qilindi. Mazkur qonun fuqarolarning o'zini-o'zi boshqarish organlari faoliyatida tub burilish yasadi. Yangi tahrirdagi qonunning 7-moddasiga asosan, fuqarolarning o'z-o'zini boshqarish organlari davlat hokimiyati organlari tarkibiga kirmaydi deb to'g'ridan-to'g'ri belgilab qo'yildi. Bu qonunda mahalla bajarishi zarur bo'lgan vazifalar belgilab berilgan. Mahallaga yuqorida sanab o'tilgan vazifalardan tashqari, yangi vazifalar yuklatilgan. U o'z hududida savdo va maishiy xizmatni, sanitariya va ekologik holatni nazorat qilishga ko'maklashadi, yong'in xavfsizligi, turar joy fondini saqlash, aholidan soliq va majburiy to'lovlarning o'z vaqtida tushishini ta'minlashga yordam beradi. Ana shu pul mablag'lari tushumining muayyan miqdori o'z-o'zini boshqarish organlari jamg'armasiga o'tkaziladi. Bu mablag' kam ta'minlangan oilalarning uy-joy, kommunal xizmatlari to'lovlariga, shuningdek, mahallani obodonlashtirishga sarflanadi. Endilikda, har bir mahalla o'z madaniy markazini, guzarini qurib, shu yerda choyxona, novvoyxona, do'kon, maishiy xizmat shaxobchalari, turli sport o'yinlari maskanini barpo etmoqda. Mahalla qo'mitasi tashabbuskor jamoat tashkilotidir. Mahallada xo'jalik madaniy qurilish tadbirlarini amalga oshirish, uning hududini obodonlashtirish, uy-joylarni va hududdagi shahar xo'jaligini saqlash, ozodalikni ta'minlash, tartib-qoidani mustahkamlash va h.k. uchun sharoit mavjud. Mahallalarning ahamiyati mustaqillik sharoitida kun sayin o'sib bormoqda. Ular mamlakatimizda tinchlik, osoyishtalik va barqarorlikni ta'min etishda, omma kuch-g'ayratini bunyodkorlikka yo'naltirishda muhim ahamiyat kasb etmoqda.

** 词语和词组

(...ga) borib taqalmoq	可追溯至……
jez davri	青铜时代
urug'	种子；家族
patriarxat	族长制；父权制

saylamoq	选举，推选
oqsoqol	族长，（德高望重的）长者
oliy oqsoqollar kengashi	高等族长会议
hal qilmoq	解决
sulh	和约
soliq	税
tayinlamoq	嘱咐；规定
safarbar etmoq	动员
ta'riflamoq	描述；评定
kasbkor	职业
nomlamoq	命名，称为
ko'nchilik	制皮业
pichoqchilik	制刀工艺
qoshiqchilik	制勺工艺
egarchi	马鞍师
taqachi	钉蹄师
daha	街区
batartib	井然有序
nazorat o'rnatmoq	监视；管制
majburiyat	义务，责任
bo'yin tovlamoq	逃避
jazolamoq	惩罚
hashar	帮助
organ	机构，组织
burilish	拐弯；转变
sanitariya	卫生

yong'in xavfsizligi	消防安全
muayyan	一定的，固定的
jamg'arma	基金
kommunal	市政的；公共的
shaxobcha	分支，网点
tashabbuskor	发起人，倡议者
mustahkamlamoq	加固；加强
osoyishtalik	安宁
bunyodkorlik	创造，建立
yo'naltirmoq	导向，引向

** 说一说

Savollarga javob bering.

(1) O'zbekistonning ma'muriy tuzilishi qanday?

(2) O'zbekistonda nechta viloyat bor?

(3) O'zbekistonda nechta avtonom respublika bor?

(4) O'zbekistonning poytaxti qaysi shahar?

(5) Mahalla nima?

(6) Mahalla so'zining ma'nosi nima?

(7) Mahallalar qanday paydo bo'lgan?

(8) Xitoyda "mahalla" ga o'xshash tizim mavjudmi? Shu haqida gapirib bering.

第四单元 >>>>
家庭与学校教育

IV BOB. Ta'lim va tarbiya

1. Oilada ta'lim va tarbiya

Nafaqat bir oila, balki yer sayyorasidagi har bir mamlakatning gullab-yashnashi, undagi yashovchi xalqlarning farog'ati ham shak-shubhasiz ta'lim va tarbiya tufaylidir.

Hayot olamida, shubhasiz, tarbiya singari insoniyatga ta'sirli narsa yo'qdir. Shu sababdan qadimdan mashhur donishmandlar tarbiya to'g'risida qimmatli fikrlarni yozib qoldirganlar.

Yoshlar tarbiyasi, ularni ilmli va har tomonlama yetuk qilib voyaga yetkazish barcha zamonlarda muhim vazifa hisoblangan. Mutafakkirlarimiz tomonidan yozib qoldirilgan bunday nodir asarlar o'sib kelayotgan yosh avlodni salbiy illatlardan asrab, axloqan pok, haqiqiy inson bo'lib yetishishlariga undagan.

词语和词组

farog'at	安宁
shak–shubhasiz	毫无疑问
donishmand	智者
har tomonlama	全面
yetuk	成熟的；完善的
voyaga yetkazmoq	抚养成人，使长大
mutafakkir	思想家
nodir	珍贵；优秀
salbiy	反面的
illat	毛病，恶习
pok	纯净的
undamoq	号召，呼吁

1.1 Oilada tarbiya

Tarbiya va oila bular egizak so'zlar. Axir tarbiya oiladan boshlanadi-da. Yigit va qiz turmush qurgach muayyan vaqt o'tib, farzand dunyoga keladi. Er-xotin farzandga birdek g'amxo'rlik qilishlari, bir xil tarbiya berishlari kerak. Ular tarbiya masalasida bir yo'lni topishlari kerak bo'ladi. Axir ikkalasi ham ikki xil oilada ikki xil tarbiya topgan insonlar. Ota-onalarning o'zlari ota-onasidan olgan tarbiyani bolalariga berishga harakat qiladi. "Qush uyasida ko'rganini qiladi "degan maqol bor. Yigit yoki qiz turmush qurib, farzandli bo'lgach uyida ko'rgan tarbiya bo'yicha ish ko'radi. Agar chaqaloqning otasi boshqacha, onasi boshqacha tarbiya bersa, o'rtada farzand qiynaladi. Bunday farzand kelajakda jur'atsiz, o'ziga ishona olmaydigan, beqaror bo'lib voyaga yetadi. Shuning uchun ota-onalar bitta yo'lni tanlashlari kerak.

Bolaning yurish-turishi uning qanday oilada tarbiyalanayotganini bildiradi. Bola ko'zguga o'xshaydi. Uning odob-axloqidan ota-onasining qanday insonlar ekanini bilish mumkin. Bola oilada yaxshi tarbiya ko'rsa, kelajakda uning yaxshi ish topishiga, atrofidagi hamkasblari bilan munosabatlariga, bir oilaning boshlig'i (bekasi) bo'lishiga sabab bo'ladi. Bolaning otasi o'z rafiqasiga qanday munosabatda bo'lsa, o'g'il ham katta bo'lib, o'z rafiqasiga shunday munosabatda bo'ladi. Yoki rafiqa oila boshlig'iga qanday munosabatda bo'lsa, qiz ham ulg'aygach, o'z turmush o'rtog'iga shunday munosabatda bo'ladi.

Bizda qadimdan qolgan bir rivoyat bor: "Bir kuni bir er-xotin farzand ko'rishibdi. Ular farzandlarini bir allomaning oldiga olib borishibdi. Ular: "Ustoz, farzandimizga qachondan tarbiya bersak bo'ladi" – deb so'rashibdi. Alloma chaqaloqning ota-onasidan: "Qachon tug'ildi?" – deb so'rabdi. "Uch kun bo'ldi" – deb javob qilishibdi. Shunda alloma: "Uch kunga kechikibsizlar. Bolangiz tug'ilgani hamon tarbiya berishni boshlashingiz kerak edi" – debdi. Shundan ko'rinib turibdiki, bolaga tarbiya berishni hech ham kechiktirib bo'lmaydi.

Siz nima deb o'ylaysiz, bolaga qachondan tarbiya berishni boshlash kerak?

** 词语和词组

egizak	双胞胎
g'amxo'rlik	关心，关爱
uya	巢
chaqaloq	婴儿

beqaror	善变的
yurish–turish	行为
rafiqa	妻子，爱人
ulg'aymoq	长大
turmush o'rtog'i	配偶
alloma	学者
hamon	立刻，尽快

1.2 Yoshlar tarbiyasi

"Tarbiya biz uchun yo hayot — yo mamot, yo najot — yo halokat, yo saodat — yo falokat masalasidir".

— Abdulla Avloniy

Barkamol va har tomonlama salohiyatli yoshlarni tarbiyalash masalasi har bir ijodkor asarlarining bosh g'oyasi sanaladi. Bolaning shaxs sifatida voyaga yetishi eng birinchi oilaga borib taqaladi. U, asosan, oila muhitida tarbiyalanib, inson sifatida shakllanadi. Tarbiya esa hayotning eng muhim tayanchi sanaladi. Har bir yoshni shunday tarbiyalash zarurki, toki u yaxshi o'qishi bilan eng yuksak pog'onaga ko'tarilsin. Odob-axloq, tarbiya tushunchalarini o'z asarlarining asosiy poydevori sifatida ilgari surgan, o'zbek dramaturgiyasi va teatrining yangicha maorifi va matbuotining asoschilaridan sanalmish Addulla Avloniy 1878-1934-yillarda yashab ijod etgan. Arab va fors tillarini yoshlikdagi mustaqil mutolaa vaqtida egallagan. "Hijron" taxallusi bilan she'rlar bitgan. Avloniy matbuot ishlarida faol ishtirok etish bilan birga "Adabiyot yoxud milliy she'rlar" hamda "Birinchi muallim", "Ikkinchi muallim" kabi darslik va o'qish kitoblarini yaratgan. Adibning "Ikkinchi muallim" kitobi "Birinchi muallim" kitobining uzviy davomidir. Mazkur kitob maktabni olqishlovchi she'r bilan boshlanadi. Ijodkor o'z she'rida maktabning ulug' dargoh ekanligiga urg'u beradi:

Maktab sizni inson qilur,

Maktab hayot ehson qilur

Maktab g'ami vayron qilur

G'ayrat qilib, o'qing o'g'lon!

Maktabdadur ilm-u kamol

Maktabdadur husn-u hilol

Maktabdadur milliy xayol

G'ayrat qilib o'qing, o'g'lon!

Shoir bu misralar orqali maktabni insonning najotkori, kishilarni komillik va kamolot sari yetaklovchi kuch sifatida talqin qiladi. Jumladan, shoirning "Ikkinchi muallim"dagi "Maktabga da'vat" she'rida ham muallif bevosita yosh kitobxonga murojaat qilib yozadi:

Boqdi Gunash panjaradan bizlara,

Yotma deyur barcha o'g'il qizlara.

Nolayi faryod qilib barcha qush:

Maktabingiz vaqti,-deyur sizlara.

Boshladi har kim o'z ishin ishlara,

Siz-da turing, maktabingiz izlara.

Siz-da kitoblarni(ng) oling shavq ila,

Tez yuguring ilm yo'lin gezlara.

Shoir ta'kidida tongning otishi, shirin uyqudan ko'z ochishi o'z va ramziy ma'no kasb etgan. Avvalo, saharda chiqqan quyosh o'zining harir ro'molini endigina olgan bir paytda, panjaradan mo'ralab, uxlab yotgan bolakayni o'z nurlari bilan erkalab uyg'otishi, shuningdek tong qushlarning parvozi, chug'urchiqlanishi, bolari-yu buzoqlarni erta uyg'otib, kundalik mashg'ulotiga undagani kabi kichkintoy o'g'il-qizlarga ham kitob-daftarni qo'lga olib, ilm yo'lini izlashga da'vat etayotgani anglashiladi. Bundan tashqari, she'r mazmunida jaholat va g'aflat uyqusidan uyg'onish, o'zligini anglash tuyg'usi, milliy g'urur va iftixor tuyg'usi ham mavjud.

Abdulla Avloniy pedagog sifatida bola tarbiyasining roli haqida fikr yuritib "Agar bir kishi yoshligida nafsi buzulib, tarbiyasiz, axloqsiz bo'lib o'sdimi, bunday kishilardan yaxshilik kutmoq yerdan turib yulduzlarga qo'l uzatmoq kabidur", –deydi. Uning fikriga ko'ra, bolalarda axloqiy xislatlarning tarkib topishida ijtimoiy muhit, oilaviy sharoit va bolaning atrofidagi kishilar g'oyat katta ahamiyatga egadir. Bolalarda fikrlash qobiliyatini o'stirish va bu tarbiya bilan muntazam shug'ullanishi benihoya zarur va muqaddas bir vazifa. Binobarin, u muallimlarning "diqqatlariga suyalgan, vijdonlariga yuklangan muqaddas vazifadur... Negaki fikrning quvvat, ziynati, kengligi, muallimning tarbiyasiga bog'liqdur" deydi. Ayni zamonda muallif ta'lim va tarbiya uzviy bog'liq ekanini ham ta'kidlaydi: "Dars ila tarbiya orasida bir oz farq bo'lsa ham, ikkisi bir-biridan ayrulmaydurgan, birining vujudi biriga boylangan jon ila tan kabidur" – deydi.

** 词语和词组

mamot	<书>死亡
najot	拯救；帮助
halokat	事故；覆灭

saodat	幸福，福气
falokat	灾祸，不幸
barkamol	完全成熟，充分发展
salohiyatli	有才能的
ijodkor	创作者；写作者
tayanch	支撑
toki	以便；直至
pog'ona	阶梯，阶段
poydevor	基础
dramaturgiya	戏剧艺术
maorif	教育
matbuot	报刊；传媒
mutolaa	阅读
taxallus	笔名
yoxud	＜书＞亦或
adib	作家
uzviy	有机的；不可分割的
olqishlamoq	鼓掌；赞扬
dargoh	宫殿；处所
urg'u bermoq	强调
ehson	恩赐；捐赠
o'g'lon	小伙子
kamol	成熟，完美，完善
hilol	新月
misra	诗行
najotkor	救星

talqin qilmoq	阐释，诠释
da'vat	呼唤，号召
panjara	栅栏
faryod	嚎啕痛哭
shavq	强烈的兴趣，热望
harir	细纱
mo'ralamoq	窥视
erkalamoq	撒娇；宠爱
parvoz	飞翔
buzoq	牛犊
jaholat	无知，愚昧
g'aflat	无知
iftixor	自豪，骄傲
nafs	欲望
xislat	品质，优点
qobiliyat	能力
muntazam	有规律的，定期的
benihoya	无尽的
binobarin	<书>由于
vijdon	良心，良知
ziynat	装饰；美丽

** 说一说

Savollarga javob bering.

(1) Tarbiya va ta'lim nima? Ularning qanday farqi bor?

(2) Ta'lim va tarbiya qayerda berilishi kerak?

(3) Bolaga qachon tarbiya berishni boshlash kerak?

(4) Ta'lim nima uchun kerak?

(5) Abdulla Avloniy kim?

(6) Abdulla Avloniyning qaysi hikmatli so'zi mashhur?

(7) Xitoy madaniyatida tarbiya qachon berilishi kerak?

(8) Siz yoqtirgan ta'lim yoki tarbiya haqidagi hikoya qaysi?

2. Ta'lim tizimi

Ta'lim – bilim berish, malaka va ko'nikmalar hosil qilish jarayoni, kishini hayotga va mehnatga tayyorlashning asosiy vositasidir. Talim jarayonida ma'lumot olinadi va tarbiya amalga oshiriladi. Ta'lim tor ma'noda o'qitish tushunchasini anglatadi. Lekin u faqat turli turdagi o'quv yurtlarida o'qitish jarayonini emas, oila, ishlab chiqarish va boshqa sohalarda ma'lumot berish jarayonini ham bildiradi.

** 词语和词组

ko'nikma	技能
hosil qilmoq	形成，获得

2.1 O'zbekistonda ta'lim

O'zbekistonda jinsi, irqi, millati, tili, ijtimoiy kelib chiqishi, shaxsiy va ijtimoiy mavqeidan qat'i nazar, har kimga ta'lim olish uchun teng huquqlar kafolatlanadi. O'zbekistonda maktabda o'qish majburiy hisoblanadi. Ta'lim tizimi yagona va uzluksiz bo'lib, ta'lim turlariga ko'ra quyidagilardan iborat:

1.Maktabgacha ta'lim 学前教育

2.Umumiy o'rta va o'rta maxsus ta'lim 普通中等教育和中等专门教育

3.Professional ta'lim 职业教育

4.Oliy ta'lim 高等教育

5.Oliy ta'limdan keyingi ta'lim 高等教育后教育

6.Kadrlarni qayta tayyorlash va ularning malakasini oshirish 人才再培训和进修

7.Maktabdan tashqari ta'lim 课外教育

Maktabgacha ta'lim

Maktabgacha ta'lim va tarbiya bolalarni o'qitish va tarbiyalashga, ularni intellektual, ma'naviy-axloqiy, etik, estetik va jismoniy jihatdan rivojlantirishga, shuningdek bolalarni umumiy o'rta ta'limga tayyorlashga qaratilgan ta'lim turidir. Maktabgacha ta'lim va tarbiya olti yoshdan yetti yoshgacha bo'lgan bolalarni boshlang'ich ta'limga bir yillik majburiy tayyorlashni ham nazarda tutadi.

Umumiy o'rta va o'rta maxsus ta'lim

Umumiy o'rta va o'rta maxsus ta'lim umumta'lim o'quv dasturlarini, zarur bilim, malaka hamda ko'nikmalarni o'zlashtirishga qaratilgan.

Umumiy o'rta ta'lim (I — XI sinflar) bosqichlari quyidagilardan iborat:

boshlang'ich ta'lim (I — IV sinflar);

tayanch o'rta ta'lim (V — IX sinflar);

o'rta ta'lim (X — XI sinflar).

Umumiy o'rta ta'lim tashkilotining birinchi sinfiga bolalar ular yetti yoshga toʻladigan yilda qabul qilinadi.

Boshlangʻich taʼlim taʼlim oluvchilarda umumiy oʻrta taʼlimni davom ettirish uchun zarur boʻlgan savodxonlik, bilim, malaka va koʻnikmalar asoslarini shakllantirishga qaratilgan.

Professional taʼlim

Professional taʼlim egallanadigan kasb va mutaxassislik boʻyicha quyidagi darajalarni oʻz ichiga oladi:

boshlangʻich professional taʼlim;

oʻrta professional taʼlim;

oʻrta maxsus professional taʼlim.

Boshlangʻich professional taʼlim kasb-hunar maktablarida IX sinf bitiruvchilari negizida bepul asosda kunduzgi taʼlim shakli boʻyicha umumtaʼlim fanlarining va mutaxassislik fanlarining ikki yillik integratsiyalashgan dasturlari asosida amalga oshiriladi.

Oʻrta professional taʼlim kollejlarda davlat buyurtmasi yoki toʻlov-shartnoma asosida kasblar hamda mutaxassisliklarning murakkabligidan kelib chiqqan holda, davomiyligi ikki yilgacha boʻlgan kunduzgi, kechki va sirtqi taʼlim shakllari boʻyicha umumiy oʻrta, oʻrta maxsus taʼlim hamda boshlangʻich professional taʼlim negizida amalga oshiriladi.

Oʻrta maxsus professional taʼlim texnikumlarda umumiy oʻrta, oʻrta maxsus, boshlangʻich professional va oʻrta professional taʼlim negizida davlat buyurtmasi yoki toʻlov-shartnoma asosida kasblar hamda mutaxassisliklarning murakkabligidan kelib chiqqan holda, davomiyligi kamida ikki yil boʻlgan kunduzgi, kechki va sirtqi taʼlim shakllari boʻyicha amalga oshiriladi.

Oliy ta'lim

Oliy ta'lim bakalavriat ta'lim yo'nalishlari va magistratura mutaxassisliklari bo'yicha yuqori malakali kadrlar tayyorlanishini ta'minlaydi.

Oliy ma'lumotli kadrlarni tayyorlash oliy ta'lim tashkilotlarida (universitetlar, akademiyalar, institutlar, oliy maktablar) amalga oshiriladi.

Oliy ta'lim ikki bosqichga — bakalavriat va magistratura bosqichiga ega. Oliy ta'limdan keyingi ta'limni oliy ta'lim va ilmiy tashkilotlarda olish mumkin.

Tayanch doktorantura falsafa doktori (Doctor of Philosophy (PhD) ilmiy darajasiga da'vogar izlanuvchilar uchun ishlab chiqarishdan ajralgan holda tashkil etiladigan oliy malakali ilmiy va ilmiy-pedagog kadrlar ixtisosligi bo'yicha oliy ta'limdan keyingi ta'lim shakli hisoblanadi.

Doktorantura fan doktori (Doctor of Science (DSc) ilmiy darajasiga da'vogar izlanuvchilar uchun ishlab chiqarishdan ajralgan holda tashkil etiladigan oliy malakali ilmiy va ilmiy-pedagog kadrlar ixtisosligi bo'yicha oliy ta'limdan keyingi ta'lim shakli hisoblanadi.

** 词语和词组

irq	种族
kafolatlamoq	保证，保障
uzluksiz	连续的，不断的
intellektual	智力的，理性的
etik	（合乎）道德的，伦理的
estetik	美学的
jismoniy	身体的，肉体的

boshlangʻich	开始的，基础的
dastur	大纲；方案；项目
oʻzlashtirmoq	掌握，学会
savodxonlik	会读写，有文化
integratsiyalashmoq	一体化，整体化
toʻlov–shartnoma	付款合同，自费
murakkablik	复杂性
sirtqi taʼlim	函授教育
bakalavriat	本科
magistratura	硕士研究生
taʼminlamoq	供应；保障
doktorantura	博士研究生
falsafa	哲学
daʼvogar	申请人

2.2 Oʻzbekiston milliy universiteti

Mirzo Ulugʻbek nomidagi Oʻzbekiston milliy universiteti (OʻzMU) Oʻzbekistondagi eng yirik oliy oʻquv yurti va ilmiy izlanish markazlaridan biri. Oʻrta Osiyodagi birinchi universitetdir. 1918-yil Toshkent shahrida tashkil etilgan. 1923-yildan Oʻrta Osiyo davlat universiteti (SAGU), 1960-yildan Toshkent davlat universiteti (ToshDU) deb nomlangan. Oʻzbekiston Respublikasi Prezidentining 2000-yil 28-yanvardagi farmoniga muvofiq, universitetga milliy universitet maqomi berildi va u hozirgi nomi bilan ataldi.

1995-yil Mirzo Ulugʻbek nomi berilgan. 1920-1921-oʻquv yili universitetda tibbiyot, fizika-matematika, ijtimoiy-iqtisodiy (ijtimoiy fanlar), tarix-filologiya, texnika, harbiy fakultetlar boʻlib, ularda 2969 ta talaba oʻqigan. Ishchi va dehqonlarni, ayniqsa, mahalliy millat vakillarini universitetga kirishga tayyorlash maqsadida uning huzuridagi ishchilar fakulteti muhim rol oʻynadi. Universitet yildan-yilga kengayib bordi. 1924-yil ijtimoiy fanlar fakulteti asosida mahalliy xoʻjalik va huquq fakulteti tuzildi. Baʼzi fakultetlar birlashtirildi, ayrim fakultetlarda bir qancha boʻlim va kafedralar ochildi.

Universitet mamlakatda va Oʻrta Osiyo davlatlari uchun kadrlar tayyorlashning asosiy markaziga aylandi. Oʻzbek ziyolilarining tarkib topishida muhim rol oʻynadi. XX asr 20-yillarning 2-yarmidan universitetda ilmiy izlanish ishlariga alohida ahamiyat berildi. 1929-yil aspirantura ochildi. Universitet olimlari tomonidan xalq xoʻjaligi uchun muhim ahamiyatga ega boʻlgan kashfiyotlar qilindi. Xususan, 1928-yil universitet olimi P.B.Grabovskiy I.F.Belyanskiy bilan birgalikda elektron nur yordamida harakatdagi tasvirni bir joydan boshqa joyga uzatadigan va qabul qiladigan "radiotelefot" apparatini yaratdilar. Universitet olimlari 1943-yil Oʻzbekiston Respublikasi Fanlar akademiyasining tashkil topishi va rivojlanishida asosiy rol oʻynadilar. Keyingi yillarda universitet faoliyati yanada kengaydi, oʻquv jarayonlari takomillashdi. 1991-yil sharq va yuridik fakultetlari negizida Toshkent sharqshunoslik instituti, Toshkent yuridik instituti tashkil topdi.

Universitetda 14 fakultet (fizika, mexanika-matematika, kimyo, biologiya, tuproqshunoslik, geografiya, geologiya, oʻzbek filologiyasi, xorijiy filologiya, jurnalistika, tarix, falsafa, ijtimoiy-siyosiy fanlar, iqtisodiyot, huquqshunoslik), fakultet maqomidagi tillar markazi, tayyorlov boʻlimi, 102 ta kafedra, Amaliy fizika ilmiy tekshirish instituti, Oliy pedagogika instituti, Amaliy ekologiya va tabiatdan unumli foydalanish ilmiy izlanish boʻlimi, botanika bogʻi, 16 ta ilmiy laboratoriya, Milliy qadriyatlar markazi faoliyat koʻrsatadi. Universitetda 3 mln. dan ortiq asarga ega 14 ta kutubxona (ulardan 13 tasi fakultetlar qoshida) faoliyat koʻrsatadi. Kutubxonada toshbosma va nodir qoʻlyozmalar fondi bor. Universitet 34 ta taʼlim yoʻnalishi boʻyicha bakalavrlar, 108 ta mutaxassislik boʻyicha magistrlar tayyorlaydi. 68 ta mutaxassislik boʻyicha aspirantura, 20 ta mutaxassislik boʻyicha doktorantura mavjud. 2005-yil 164 ta aspirant, 16 ta doktorant, 127 ta tadqiqotchi ilmiy tekshirish olib bordi, 14 ta ixtisoslashgan kengash (9 doktorlik va 5 nomzodlik) 30 ta mutaxassislik boʻyicha faoliyat koʻrsatadi. 2004/05-oʻquv yili universitetda 10250 ta talaba taʼlim oldi, 1059 ta professor-oʻqituvchi, jumladan, 136 nafar fan doktori va professor, 387 fan nomzodi va dotsent ishladi.

Universitetda muhim fan tarmoqlari boʻyicha ilmiy maktab va yoʻnalishlar yaratildi.

Universitet tashkil topgandan beri 110 mingdan ortiq mutaxassis tayyorlandi (2005). Universitetda taniqli shoir va yozuvchilardan Oybek, M.Avezov, A.Qahhor, A.Muxtor, P.Qodirov, O.Yoqubov, Oʻ.Hoshimov, Oʻzbekiston Qahramonlari O.Sharafiddinov, A.Oripov, E.Vohidov va boshqalar oʻqigan.

Universitetda "OʻzMU xabarlari" jurnali (1997) va "Milliy universitet" gazetasi (1918) chiqadi. Universitet oʻz bosmaxonasiga ega boʻlib, unda har yili professor-oʻqituvchilarning 100 dan ortiq ilmiy asar va oʻquv metodik adabiyotlari nashr etiladi.

** 词语和词组

farmon	命令
ijtimoiy fanlar	社会学科，文科
kafedra	教研室
ziyoli	知识分子
aspirantura	副博士
kashfiyot	发明，发现
tasvir	描写，描绘
radiotelefot	无线电话
takomillashmoq	完善，改进
yuridik	法律的
kimyo	化学
unumli	富有成效的
botanika bog'i	植物园
laboratoriya	实验室
toshbosma	石印
qo'lyozma	手稿
tadqiqotchi	研究员
nomzod	候选人；副博士
dotsent	副教授
mutaxassis	专家
bosmaxona	印刷厂
metodik	教学法的
nashr etmoq	出版，印刷

说一说

Savollarga javob bering:

(1) O'zbekistonda ta'lim tizimi qaysi bosqichlardan iborat?

(2) Har bir bosqich necha yilligini aytib bering.

(3) O'zbekistonda qancha oliy o'quv yurti bor?

(4) Oliy ta'limdan keyingi ta'lim nima?

(5) O'zbekistonning eng katta OTM qaysi?

(6) O'zMU qachon tashkil qilingan?

(7) Undan qaysi institutlar ajralib chiqqan?

(8) O'zMU tarkibida nechta fakultet bor?

(9) O'zMU tashkil etilgandan beri qancha mutaxassis tayyorlandi?

(10) Xitoyning ilk va katta universiteti qaysi?

第五单元

传媒与戏剧

V BOB. OAV va teatrlar

1. Ommaviy axborot vositalari

Ommaviy axborot vositalari (OAV) keng ommaga axborot yetkazuvchi vositalardir. O'zbekiston Respublikasi qonunchiligida davriy axborot tarqatishning doimiy nomga ega bo'lgan hamda bosma tarzda (gazeta, jurnal, axborotnoma, bulleten va boshqalar) yoki elektron tarzda (tele, radio, video, kinoxronikal dasturlar, umum foydalanishdagi telekommunikatsiya tarmoqlaridagi veb-saytlar) olti oyda kamida bir marta nashr etiladigan yoki efirga beriladigan shakli hamda ommaviy axborotni davriy tarqatishning boshqa shakllari OAV deb ko'rsatilgan.

** 词语和词组

davriy	周期，定期
axborotnoma	通报，学报

bulleten	公报，简报
kinoxronikal	新闻片
telekommunikatsiya	通讯
efirga bermoq	播送

1.1 O'zbekiston OAVlari

Joriy yil hisobiga ko'ra, O'zbekistonda faoliyat olib borayotgan ommaviy axborot vositalarining (OAV) soni 1893 taga teng. Bu haqda "Yuksalish" umummilliy harakatining "Factbook" qo'llanmasida keltirilgan.

Qayd etilishicha, 1893 ta OAVdan

- 642 tasi gazeta;
- 482 tasi jurnal;
- 17 tasi axborotnoma-bulleten;
- 37 tasi radio;
- 72 tasi televideniye;
- 5 tasi axborot agentligi;
- 638 tasi internet nashr va veb-saytdir.

Ma'lum qilinishicha, 2016-yilda O'zbekistonda faoliyat olib borayotgan OAVning soni 1514 ta bo'lib, bugunga kelib ular 379 taga ko'paygan.[①]

Ilk teleefirlar

1928-yil 26-iyul kuni, bundan 90 yil ilgari dunyo tarixida birinchi marta Toshkentda dastlabki televizion tasvirlar namoyish etilgan, deb yozmoqda "Kultura.uz".

---

① 见 https://qalampir.uz/uz/news/uzbekistonda-k-ancha-oav-faoliyat-olib-bormok-da-49600

Elektron televideniye tizimi 1928-yili Toshkentda ikki kashfiyotchi B.P.Grabovskiy va I.F.Belyanskiy tomonidan yaratilgan. Tajriba sifatida qoʻllanilgan ilk televizion uskuna oʻsha paytda telefot deb nomlangan.

Grabovskiy 1925-yili telefotni rossiyalik taniqli olim Boris Lvovich Rozingga koʻrsatgan. Olim esa oʻz koʻzlariga ishonmasdi. Uning oldida haqiqiy elektron televizor turar edi.

1928-yil 26-iyul kuni soat 12:00 da birinchi rasmiy televizion seans namoyish etildi: komissiya aʼzolari telefot ekranida harakatlanayotgan tasvirni koʻrdi.

Shundan keyin dastlabki telereportaj namoyish etilgan. Apparaturalar "Xiva" kinoteatri yoniga oʻrnatilgan. Telefotning kichik ekranida tramvay harakati namoyish etilgan.

1928-yili Toshkentda yaratilgan tajriba uskunalari rasmiy sinovlar uchun Moskvaga joʻnatilgan. Qutilarga "Ehtiyot boʻling, Shisha!", "Noyob fizika uskunalari!", "Tashlash mumkin emas!" soʻzlari yozilgan. Nihoyatda ehtiyotkorlik bilan maxsus qutilarga joylashtirilgan Toshkent telefotining Moskvaga faqat siniq parchalarigina yetib boradi.

1950-yilgacha turli tarixiy voqealar televideniye taraqqiyotini ortga surgan. Faqat tinchlik hukm sura boshlagan davrlarga kelibgina xonadonlarda "KVN-49" televizori paydo boʻlgan. Boris Grabovskiy 1966-yili vafot etgan.

** 词语和词组

joriy yil	今年
teleefir	电视转播
namoyish etmoq	演示；放映

uskuna	设备
seans	场
ekran	屏幕
telereportaj	电视报道，电视实况转播
tramvay	有轨电车；电车轨道
shisha	玻璃；瓶子
noyob	稀有的
ehtiyotkorlik	小心，谨慎
siniq parchalari	碎片

1.2 Yangiliklar saytlari

Axborot texnologiyalarining jadallik bilan taraqqiy etishi mamlakatimizda ham internet jurnalistikaning rivojlanishi va ommalashishiga olib keldi. Hozirda internet jurnalistika O'zbekiston ommaviy axborot vositalari ichida tezkorligi bo'yicha birinchi, auditoriyasining ko'pligi va ta'sir doirasining kengligi bo'yicha televideniyedan so'ng ikkinchi o'ringa chiqib oldi.

Internet jurnalistika eng tezkor OAV sifatida matbuot, radio, televideniye imkoniyatlarini o'zida jamlamoqda. Endi siz biron axborot bilan tanishish uchun gazeta chop etilishini, TV yoki radioda yangiliklar dasturi boshlanishini kutib o'tirmaysiz. Eng katta internet-nashrlari matn, foto, tasvir, ovoz, infografika kabi elementlardan foydalanib, xabarlarni interaktiv tarzda yetkazmoqda. Internet-radio va internet-televideniye yo'nalishi ham jadallik bilan rivojlanmoqda.

Hozirda ".uz" milliy domenida 54000 dan ortiq nom ro'yxatga olingan, ulardan 450 tasi OAV sifatida davlat ro'yxatidan o'tkazilgan.

O'zbekiston Respublikasi Axborot texnologiyalari va kommunikatsiyalarini rivojlantirish vazirligi taqdim qilgan ma'lumotlarga ko'ra, 2018-yil yanvar oyi holatiga ko'ra, O'zbekistonda internet foydalanuvchilari soni 20 000 000 kishidan oshgan. Bu o'tgan yilgiga nisbatan 5,3 milliondan ziyod bo'lib, O'zbekiston jami aholisining 63 foizi global tarmoq foydalanuvchisiga aylangan. Ularning aksariyati internetdan mobil telefonlari orqali foydalanadilar. O'zbekistondagi mobil telefon abonentlari soni esa 22 800 000 kishidan oshgan. Taqqoslash uchun: mamlakatimizda internet foydalanuvchilari soni 2000-yili 7500, 2005-yili 675 000, 2010-yili 6 500 000, 2015- yili 10 200 000 kishini tashkil etgan.

Bugun internetning o'zbek segmentida eng ommaviy saytlar daryo.uz va kun.uz yangilik saytlaridir. 2018-yil 13-fevral holatiga ko'ra, daryo.uz saytiga bir kunda 349 920 kishi (2 719 266 ta sahifa o'qilgan), kun.uz saytiga esa 328 412 kishi tashrif buyurgan (1 526 726 ta sahifa o'qilgan). Ushbu saytlarga o'tgan yilning shu davriga nisbatan 30 foiz ko'p foydalanuvchi tashrif buyurgan.

O'zbekistonning internetdagi eng katta axborot kanallari hisoblangan daryo.uz va kun.uz saytlariga kuniga 90-110 tadan material kiritiladi. Ularning ijtimoiy tarmoqlardagi kuzatuvchilari soni 1 000 000 kishidan oshadi. Masalan, kun.uz saytini ijtimoiy tarmoqlarda jami 1 265 870 kishi kuzatadi (Telegram — 256399, Facebook — 175971, Twitter — 19500, Instagram — 709000, Youtube — 105000).

O'zbekistondagi barcha bosma ommaviy axborot vositalari ham hozirdanoq elektron versiya va doimiy yangilanadigan saytni yo'lga qo'yishmasa, ertaga auditoriyani yo'qotib qo'yishlari hech gap emas. Bu borada "Darakchi" va "Hordiq" gazetalari oldinroq harakat qilgan edilar. Hozirda ushbu gazetalarning kunlik o'quvchilari soni 20000 dan oshgan. Gazetalarning sayti uning bosma versiyalari uchun reklama vazifasini ham bajaradi. Shuningdek, gazetaga sig'magan yoki chop etilguncha eskirib qoladigan istalgan maqolani saytda e'lon qilish mumkin.

So'nggi oylarda "Xalq so'zi" gazetasining sayti ham ancha jonlandi. Unda kundalik xabarlar bilan birgalikda o'tkir tanqidiy maqolalar, mushohadaga chorlovchi materiallarning muntazam e'lon qilib borilishi sayt va gazetaning ommalashuviga sabab bo'lmoqda (kuniga 3500 kishi). "Uzbekistan Today", "O'zbekiston ovozi" gazetalarining onlayn versiyalarini ham kuniga 1000-1500 foydalanuvchi kuzatmoqda.

Hozirda O'zbekiston Markaziy Osiyo davlatlari orasida internet jurnalistika taraqqiyoti borasida Qozog'istondan so'ng ikkinchi o'rinda turibdi. Qozog'istonda internet foydalanuvchilari soni 10 million kishi bo'lib, umumiy aholining 56 foizini tashkil etadi. Mamlakat internet segmentida yangiliklar saytlari ommaviy bo'lib, eng katta xabar portali tengrinews.kz saytiga kuniga 600 000 dan ortiq foydalanuvchi tashrif buyuradi.

Markaziy Osiyo davlatlarining barchasida yangiliklar saytlari eng ko'p kiriladigan saytlardir. Rossiya va boshqa rivojlangan davlatlarda ommabop saytlar ro'yxatini milliy internet korporatsiyalari egallagan (Rossiyada — Yandex, AQShda — Google, Xitoyda — Baidu). O'zbekistonda ham ma'lumotlar qidiruvi, elektron pochta, yangiliklar, videoxosting, tarjimon, savdo platformasi, disk, ob-havo, ensiklopediya, ish izlash kabi yuzlab servislarni jamlagan, kuchli himoyalangan va qulay ishlash tizimiga ega bo'lgan milliy internet korporatsiyasiga ehtiyoj bor. Aks holda axborot xavfsizligi haqida qancha qayg'urmaylik, boshqa servislarga qaram bo'lib qolaveramiz.

** 词语和词组

jadallik	速度；急速
auditoriya	听众
doira	范围
jamlamoq	收集，召集
chop etmoq	出版，发行
infografika	信息图
element	元素
interaktiv	交互的
milliy domen	国家域名
vazirlik	部
taqdim qilmoq	献出；发布，推介
abonent	用户
taqqoslamoq	比较
sahifa	页
versiya	版本
reklama	广告
sig'moq	容纳
jonlanmoq	恢复；好转
tanqidiy	批评的，评论的
mushohada	＜书＞审查，监督
chorlamoq	邀请；鼓励
portal	门户
korporatsiya	集团；社团
videoxosting	视频分享网站

platforma	平台
ensiklopediya	百科
ehtiyoj	需求
qayg'urmoq	忧虑
qaram bo'lmoq	依赖

说一说

Jumlalarni davom ettiring:

(1) OAV-

(2) O'zbekistonda …ta OAV faoliyat olib bormoqda

(3) … gazeta, … jurnal,… televideniye,… radio,… internet nashrlari bor

(4) Ilk teleefirlar … da amalga oshirilgan

(5) Teleefirlarni amalga oshirganlar … va …

(6) Apparaturalar … o'rnatilgan

(7) ".uz" domeni-

(8) Internet jurnalistika-

(9) Daryo.uz va kun.uz-

(10) "Xalq so'zi"

2. Kino va teatr

O'zbek xalqi san'atsevar xalq. O'zbekistonda san'atning barcha turining o'z muxlisi, shaydolari topiladi. Teatr, kino, opera, balet kabi G'arbdan kirib kelgan san'at turlaridan to maqom, milliy raqs, askiya kabi milliy san'at turlarimizgacha o'z shinavandalariga ega. Sizni quyida madaniyatimizning bir bo'lagi bo'lgan milliy san'at turlarimiz, buyuk san'atkorlarimiz bilan tanishtiramiz.

** 词语和词组

muxlis	粉丝；拥护者
shaydo	酷爱者
maqom	（古典音乐）马卡姆
askiya	即兴小品
shinavanda	行家；粉丝
san'atkor	艺术家

2.1 O'zbekiston teatrlari

2021-yilda faoliyat ko'rsatgan teatrlar soni 50 tani tashkil etib, ulardan 24 tasi drama teatri, 10 ta musiqali teatr, 4 ta yosh tomoshabinlar teatri, 7 ta qo'g'irchoq teatri va 1 ta opera va balet teatri.

Yillar kesimida teatrlar soni:

2000- yilda - 40 ta

2010- yilda - 42 ta

2020- yilda - 49 ta

2021- yilda - 50 ta

O'zbek milliy akademik drama teatri

O'zbekistonda yangi sahna san'atini shakllanishi va rivojlanishiga karvonboshilik qilgan teatr jamoasi, eng keksa va yirik teatrlardan. 1913-

yil Toshkentda tashkil topib, 1914-yilning 27-fevralda M.Behbudiyning "Padarkush" asari bilan ochilgan (jadidlarning "Turon" nomli teatr truppasi spektakli). Truppaning badiiy rahbari Abdulla Avloniy, ma'naviy va moddiy homiylarni Munavvarqori Abdurashidxonov singari Toshkentning mo'tabar kishilari tashkil etgan. Ijrochilar Abdulla Avloniy, Nizomiddin Xo'jayev, Badriddin A'lamov, Shokirjon Rahimiy, Muhammadjonqori Poshshaxo'jayev, Fuzail Jonboyev, Hasanqori, Same'qori Ziyoboyev, Qudratilla Yunusiy singari 24 kishidan iborat bo'lgan. Truppada "To'y" (N.Qudratilla), "Baxtsiz kuyov" (A.Qodiriy), "Advokatlik osonmi?" (A.Avloniy), "Mazluma xotin" (H.Muin), "Pinak", "O'liklar" (M.Qulizoda) singari asarlar sahnalashtirilgan.

1918-yil "Turon" truppasi davlat ixtiyoriga olinib, unga "davlat teatri" maqomi berildi. Badiiy rahbari va rejissyori etib Mannon Uyg'ur tayinlandi.

2001-yil 21-sentabrdan teatr nomi o'zgartirilib, "O'zbek milliy akademik drama teatri" deb atala boshlandi. Jamoa zamonaviy mavzuda spektakl yaratish bilan birga buyuk tarixiy shaxslar, qatag'on qurbonlarining badiiy timsolini yaratishga e'tibor kuchaytirdi. Natijada U.Shekspir zamondoshi K.Marloning "Sohibqiron Temur" dramasi o'zbek sahnasida ilk bor sahnalashtirildi, A.Oripovning "Sohibqiron Temur" dramasi, U.Azimovning Cho'lpon hayotidan hikoya qiluvchi "Kunduzsiz kechalar" tomoshabinlarga taqdim etildi. "Jar", "Xotinlar gapidan chiqqan hangoma", "Sab'ai sayyor", "Alisher Navoiy", "Abulfayzxon", "Mehrobdan chayon", "Chimildiq", "Qalliq o'yin", "Mashrab", "Muhabbat sultoni", "Daraxtlar tik turib jon beradi", "Hamlet", "Qirol Lir", "Etti faryod" va boshqalar so'nggi yillar yaratilgan eng yaxshi spektakllardir. Yoqub Ahmedov, Rixsi Ibrohimova, Erkin Komilov, Tolib Karimov, Saidkomil Umarov, Tesha Mo'minov, Zuhra Ashurova, Jamshid Zokirov, Gavhar Zokirova, Madina Muxtorova, Tohir Saidov, Uchqun Tillayev, Muqaddas

Xoliqova, Saida Rametova, Ra'no Yarasheva va boshqalar teatrning yetakchi aktyorlaridir.

    Teatr binosi 2001-yilda zamonaviy talablarga javob beradigan qilib qayta ta'mirlandi. Ta'mirdan so'ng bino butunlay yangi qiyofaga ega bo'ldi, zamonaviy texnik muhandislik asboblari bilan jihozlandi. Bosh tarzi ustunlardan tashkil topgan, peshtoqi egik yoy shaklida, 3 ta kirish eshigi ravoqli. Foye va zali og'ir qurilmalardan xalos etildi: foye shiftiga naqshinkor bezakli gumbaz, tomosha zalining shiftiga esa osmonda suzib yurgan bulutlar tasvirlangan osma gumbaz ishlangan, uning atrofi gul yaproqlarini eslatuvchi qandillar bilan hoshiyalangan. Zalni yoritishda 7 qismli nodir yoritish tizimi qo'llangan. Binoning 2 yon tomoni 7-8 metrga kengaytirildi. Birinchi qavatda vestibyul, ikkinchi qavatning o'ng qanotida "Maqom" musiqa saloni, chap qanotida teatr rahbariyati xonalari, 3-qavatda teatr muzeyi joylashgan. Binoning yer osti qismiga kichik zal, xodimlar uchun sport zali va boshqalar xonalar, garderob ishlangan. Bosh tarzitdagi stilobat kengligida 2 ta kassa, barlar joylashgan. Zal devorlari ganchkorlik usulida darpardalar ko'rinishida bezatilib, oraliqlariga bir maromda takrorlanuvchi zarhallangan ko'k koshinkori vertikal yo'llar ishlangan. Sahna pardasi zardo'zi kashtalar bilan jozibador bezatilgan. Katta (540 o'rin) va kichik (110) zaldagi o'rindiq, foye va zinaning yog'och to'siqlari Italiyadan keltirilgan; zalning poydevori yashma toshlaridan, foye poli och rangli marmardan qadama usulida ishlangan. Eshiklar yog'och o'ymakorligida jozibador bezatilgan. Binoning me'moriy yechimida milliy me'moriy an'anaviy usullardan foydalanilgan. Bino Navoiy ko'chasidagi 50-yillarlarda qurilgan binolar bilan uyg'unlashtirilgan. Peshtoqdagi ustunlar qatori yon tarzlaridagi karnizlarda davom etadi. Stilobat, devor va yoysimon shakldagi bosh zina qizil granitdan, poyustunlar va bino poydevori yirik plitalar bilan qoplangan.

Oldidagi vitrajlar koʻk rang, yon tarzlari tilla rang shishalardan ishlangan. Binoning tashqi yoritilishiga alohida ahamiyat berilgan: ustun ostiga oʻrnatilgan chiroq va projektorlar bilan binoning tungi salobati, koʻrki namoyon boʻladi.

** 词语和词组

qoʻgʻirchoq	洋娃娃
kesim	断面，剖面
sahna	舞台
karvonboshilik qilmoq	引领，带头
keksa	老的
padarkush	弑父者
teatr truppasi	剧团
spektakl	戏剧
moddiy	物质的
homiy	庇护者；赞助者
moʻtabar	受尊敬的
mazluma	被压迫的
pinak	瞌睡
ixtiyor	意愿
rejissyor	导演
qatagʻon	<旧>禁止，禁令
timsol	象征；化身
sohibqiron	天选之子
hangoma	愉悦的交谈；意外事件
chayon	蝎子

yetakchi aktyor	主演
ta'mirlamoq	维修
qiyofa	面貌
asbob	工具，器具
jihozlamoq	装备；布置
peshtoq	正门入口
egik yoy	弯弓
ravoqli	拱形的
foye	休息室
xalos etilmoq	被拯救，解脱
naqshinkor	有花纹的
shift	顶棚，天花板
yaproq	叶子
qandil	吊灯
hoshiyalanmoq	镶边
vestibyul	前厅
qanot	翅膀，翼
garderob	衣帽寄存处
stilobat	阶式台基
kassa	收银台
ganchkorlik	石膏雕刻手艺
darparda	窗幔，门帘
marom	进度；正轨
zarhallanmoq	镀金，染成金色
koshinkor	镶面工
vertikal	垂直线

parda	幕布，窗帘
zardo'zi kashta	金色刺绣
jozibador	有吸引力的
o'rindiq	椅子，凳子
to'siq	障碍
yashma	碧玉，碧石
marmar	大理石
o'ymakorlik	雕刻业
karniz	飞檐
granit	花岗石
poyustun	柱基
plita	（长方形）石板
vitraj	彩画玻璃
projektor	探照灯
salobat	庄严

2.2 O'zbek kinosi

O'zbekiston kinosining tarixini ikkiga bo'lish mumkin: O'zbekiston SSR kinosi (1924—1991) va mustaqil O'zbekiston kinosi (1991—hozirgi kungacha). Sovet davrida olingan filmlarning ko'pchiligi ham o'zbek, ham rus tillarida olingan. Ayrimlari bo'lsa faqat o'zbek yoki faqat rus tilida olingan.

Sovet davrida olingan eng sara filmlar sifatida "Maftuningman" (1958), "Mahallada duv-duv gap" (1960) va "Shum Bola" (1977) kabi filmlar tilga olinadi.

O'zbekistonda ko'p film studiyalari bor. "O'zbekfilm" kinostudiyasiga 1925-yil asos solingan. U mamalkatdagi eng katta va eng eski kinostudiyadir. Eng mashhur o'zbek kinosi namunalari deb quyidagilarni keltirish mumkin.

Eng yuqori baholangan filmlar qatoriga quyidagi fimlarni kiritish mumkin:

Abdullajon (1991)

Armon (1986)

Kelinlar qo'zg'oloni (1984)

Maftuningman (1958)

Mahallada duv-duv gap (1960)

Shum bola (1977)

Suyunchi (1982)

To'ylar muborak (1978)

Yor-yor (1964)

Scorpion (2018)

Maqsad (2018)

Mashhur kinorejissyorlar:

Ayub Shahobiddinov

Ali Hamroyev

Elyor Ishmuhamedov

Jahongir Qosimov

Komil Yormatov

Latif Fayziyev

Melis Abzalov

Nabi G'aniev

Rashid Malikov

Shuhrat Abbosov

Yusuf Roziqov

Yo'ldosh A'zamov

Zulfiqor Musoqov

词语和词组

sara	上等的，精选的
studiya	电影制片厂；工作室
namuna	典范，榜样
baholamoq	评价，评分

说一说

Savollarga javob bering:

(1) O'zbekistonda qanday teatrlar bor?

(2) O'zbek milliy akademik drama teatri qanday teatr?

(3) O'zbek milliy akademik drama teatri qachon ochilgan?

(4) O'zbek milliy akademik drama teatri qayerda, qanday binoda joylashgan?

(5) Qanday spektakllar ijro etiladi?

(6) O'zbek kinosini qaysi davrlarga bo'lish mumkin?

(7) "O'zbekfilm" qanday studiya?

(8) Qanday mashhur o'zbek filmlarini bilasiz?

(9) O'zingiz ko'rgan o'zbek filmi haqida gapirib bering.

(10) Qanday mashhur aktyorlarni bilasiz?

第六单元 >>>>

文学瑰宝

乌兹别克斯坦文化
阅读教程

VI BOB. Adabiyot

1. Oʻzbek adabiyoti tarixi

1.1 Oʻzbek mumtoz adabiyoti tarixining tarkibiy qismlari

Uzoq yillar davomida oʻzbek adabiyoti fan sifatida dastlab ikki qismga – "Oʻzbek adabiyoti tarixi" va "Oʻzbek sovet adabiyoti" nomlari ostida boʻlinib oʻqitilar edi. 1917-yil 25-oktyabr bu ikki qism orasidagi chegara sifatida qabul qilingandi. Istiqloldan soʻng oliy oʻquv yurtlari oʻzbek filologiyasi fakultetlarida "Milliy uygʻonish davri oʻzbek adabiyoti" kursi oʻqitila boshlandi. XIX asrning oxirlarida shakllanib, XX asr boshlarida boʻy koʻrsatgan, 20-yillarda esa oʻsha davrning gʻoyatda shiddatli tazyiqlariga bardosh berib chinakam adabiyotga aylangan jadid adabiyotini izchil va mukammal oʻrganish imkoniyati vujudga keldi. Jadid adabiyotining mazmun-mohiyatini milliy uygʻonishning hayotbaxsh gʻoyalari tashkil qilardi. Milliy uygʻonish davri oʻzbek adabiyoti xalqimizning ko'p asrlik adabiiy an'analaridan bahramand bo'lgan badiiy tafakkurimizning porloq sahifalaridan biri, ayni chog'da bugungi yangi o'zbek adabiyotining tayanch sarchashmasi sanaladi. Shunday qilib, o'zbek adabiyotini dastlab quyidagi uch qismga bo'lib o'rganish maqsadga muvofiqdir:

1. O'zbek mumtoz adabiyoti tarixi (Eng qadimgi davrlardan XIX asr o'rtalarigacha).

2. Milliy uyg'onish davri o'zbek adabiyoti (XIX asr 2-yarmidan XX asrning 20-yillarigacha).

3. Yangi o'zbek adabiyoti (1930-yildan hozirgacha).

O'zbek mumtoz adabiyoti tarixi xalqimizning qadim zamonlardan XIX asrning o'rtalarigacha vujudga kelgan noyob badiiy durdonalari haqida bahs yuritadi. Tabiiyki, bu ming yilliklarga cho'ziladigan jarayonda dunyo yuzini ko'rgan badiiy asarlarda xalqimizning dastlabki e'tiqodiy qarashlaridan tortib, XIX asrning o'rtalarigacha yashab ijod qilgan qalamkashlarimizning irfoniy-falsafiy, adabiy-badiiy, ilohiy-ma'naviy qarashlari o'z ifodasini topgan. O'zbek mumtoz adabiyoti tarixi mana shu uzoqqa cho'zilgan murakkab jarayonda vujudga kelgan turli xil va janrlardagi badiiy asarlarni o'z ichiga oladi. Nazm va epos asrlar davomida o'zbek mumtoz adabiyotining asosiy xillaridan bo'lib, taraqqiy topib keldi. G'azal, ruboiy, qasida, masnaviy, muxammas, musaddas, qit'a, tarkibband (v.h.) masal, hikoya va shu kabilar esa keng tarqalgan adabiy janrlar sanaladi. Kishilik tarixida yozuv paydo bo'lmasdan avval badiiy ijod og'zaki shaklda taraqqiyot bosqichlarini bosib o'tdi. Yozuv – insoniyatning eng muhim kashfiyotlaridan biridir. Xat kashf etilgandan so'ng badiiy ijod og'zaki va yozma shaklda yonma-yon taraqqiy qila boshladi. Garchi og'zaki adabiyot yozma adabiyotning vujudga kelishi uchun ma'naviy zamin bo'lgan bo'lsa-da, badiiy ijodning bu har ikkala shakli vaqti-vaqti bilan bir-birini to'ldirib, sayqallashtirib, boyitishda davom etdi. Natijada, "Tohir va Zuhro", "Bo'z o'g'lon", "Yusuf Ahmad", "Kitobi podsho Jamshid", "Qissasi Farhod-u Shirin", "Kitobi dada Ko'rqut", singari ma'naviy durdonalar vujudga keldiki, bular xalq og'zaki ijodida yaratilib, kitobiy adabiyotga yaqinlashtirilgan yoki yozma adabiyotda vujudga kelib, keyinchalik xalq ijodi uslubida qayta "tahrir"dan o'tgan asarlardir. Shunday qilib, xalq kitoblari ham o'zbek mumtoz adabiyoti tarixi va ham xalq og'zaki ijodining tarkibiy qismi sanaladi. O'zbek mumtoz adabiyoti tarixi yodnomalar (memuar), tarixiy asarlar hamda tazkiralarni ham o'z ichiga oladi. Ma'lumki, o'tmishda tarixnavislik badiiy ijod bilan qorishiq holda olib borilgan. Muarrixlar biror tarixiy voqea tafsilotlarini bayon qilishda badiiy uslubga murojaat etishgan. Jumladan, Alisher Navoiyning "Tarixi muluki Ajam", "Tarixi hukamo va anbiyo", Abulg'oziy Bahodirxonning "Shajarayi turk", "Shajarayi tarokima", Shermuhammad Munis va Muhammadrizo Ogahiyning "Firdavsul-iqbol" kabi tarixiy asarlari, shuningdek Zahiriddin Boburning "Boburnoma" singari qomusiy kitobidagi badiiy lavhalar va she'rlar yuqorida aytilgan fikrlarimizga yanada quvvat beradi. O'zbek xalqi uzoq yillar davomida Sharq olami, shuningdek Hindiston, Yunoniston, Gurjiston, Rusiya kabi mamlakatlar bilan siyosiy-iqtisodiy, tarixiy-madaniy aloqada bo'lib kelgan. O'zbek tiliga tojik, eron, ozarbayjon, hind, arab va boshqa xalqlarning badiiy, ilmiy hamda tarixiy asarlari tarjima qilindi. Nizomiyning «Maxzanul-asror», «Xusrav va Shirin», «Haft paykar», Shayx Sa'diyning «Guliston», «Bo'ston», Nuriddin Abdurahmon Jomiyning «Bahoriston», «Yusuf va Zulayho», «Layli va Majnun», «Silsilat uz-zahab» («Oltin zanjir»), «Iskandar xiradnomasi», «Salomon va Absol», Badriddin Hiloliyning «Shoh va gado», hind donishmandlik xazinasining nodir namunasi «Kalila va Dimna», mashhur arab ertaklari majmuasi «Ming bir kecha», Mirxondning «Ravzat us-safo»,

Zayniddin Mahmud Vosifiyning «Badoye' ul-vaqoe'» kabi asarlari shular jumlasidandir. Tarjima adabiyoti xalqlar o'rtasidagi o'zaro madaniy-adabiy aloqa va do'stlik rishtalarini mustahkamlashga, shuningdek o'zbek xalqining jahon xalqlari adabiyoti bilan yaqindan tanishishiga xizmat qilib keldi. O'zbek tiliga tarjima qilingan asarlar muayyan tarixiy sharoitning ma'naviy ehtiyoji, talabi bo'lib, ular o'zbek yozma adabiyoti va xalq og'zaki ijodi tajribalarining yanada boyishi, teran ma'no va quyuq ranglar bilan to'lishishiga ijobiy turtki bo'ldi. O'tmish adabiyotida qo'llangan tarjima istilohiga mazkur atamaning bugungi talqinlari nuqtai nazaridan munosabatda bo'lmoq pand berishi, bir yoqlama xulosalarga olib kelishi mumkin. Chunki mumtoz mutarjimlar asliyatga hozirgi tarjimonlarga nisbatan ancha erkin va o'ta ijodiy munosabatda bo'lishgan. Oqibatda ular qalamidan chiqqan asarlariga nisbatan tarjimani qo'llash kamlik qilgandek bo'lib tuyula beradi. Qutb Xorazmiy XIV asrda fors tilidan o'zbek tiliga tarjima qilgan "Xusrav va Shirin" (Shayx Nizomiy), Sayfi Saroyi (XIV asr) o'zbek tiliga o'girgan "Guliston" (Shayx Sa'diy), Mavlono Xiromiy (XIX asr) o'zbekchalashtirgan "Chor darvesh", "Ra'no va Zebo" "To'tinoma" kabi asarlar bilan kechgan ijodiy mehnat haqida ham ana shunday fikrni aytish joizdir. Ayrimlari eslatilgan fazilatlariga ko'ra, tarjima adabiyoti hamda o'zbek mumtoz adabiyoti tarixining tarkibiy qismi sanaladi. O'tmishda yaratilgan adabiyotshunoslikka oid asarlarni ham o'zbek mumtoz adabiyoti tarixi o'z ichiga oladi. Shayx Ahmad Taroziyning «Funun ul-balog'a», Davlatshoh ibn Baxtishohi Samarqandiyning «Tazkirat ush-shuaro» Alisher Navoiyning "Majolis un-nafois", "Mezonul-avzon", " Muhokamat ul-lug'atayn", "Nasoyim ul-muhabbat", Bobur Mirzoning "Muxtasar" yoki "Aruz risolasi", Fazliy Namangoniyning "Majmuat ush-shuaro" kabi asarlari shular jumlasidandir.

** 词语和词组

mumtoz	经典的，优秀的
chegara	界线
istiqlol	独立
bo'y ko'rsatmoq	显眼，显著
g'oyatda	非常，极其
shiddatli	剧烈的；急速的
tazyiq	压力
bardosh bermoq	忍耐
izchil	一贯
mukammal	完善的，完美的
hayotbaxsh	赋予生命；苏醒
bahramand	享受
tafakkur	思考
porloq	辉煌的
sarchashma	源头
durdona	珍珠，珍宝
bahs	争论
qalamkash	作家，诗人
janr	（文艺作品的）体裁
nazm	诗歌
epos	史诗；叙事诗
g'azal	格则勒（抒情诗）
ruboiy	柔巴依（四行诗）

qasida	颂诗
masnaviy	两行诗
muxammas	五行诗
musaddas	六行诗
qit'a	短诗
tarkibband	六行诗的一种形式
masal	寓言
og'zaki	口头的
sayqallamoq	抛光；精选
yodnoma	悼念文
tazkira	文选，诗选
tarixnavislik	编年史
qorishiq	混合的
muarrix	史学家
tafsilot	详情，细节
murojaat etmoq	提出，询问
qomusiy	百科全书式的
lavha	板，牌；画面
xazina	宝库；宝物
rishta	纽带
teran	深的
quyuq	浓的；稠的
istiloh	<书>术语
pand bermoq	欺骗
bir yoqlama	单面的，侧面的
mutarjim	翻译者

oqibat	后果，结果

1.2 Zahiriddin Muhammad Bobur (1483-1530)

Bobur (taxallusi; to'liq ismi Zahiriddin Muhammad ibn Umarshayx Mirzo) (1483.02.14, Andijon - 1530.12.26, Agra) — o'zbek mumtoz adabiyotining yirik vakili: buyuk shoir; tarixchi, geograf; davlat arbobi, iste'dodli sarkarda; boburiylar sulolasi asoschisi, temuriy shahzoda.

Boburning otasi — Umarshayx Mirzo Farg'ona viloyati hokimi, onasi — Qutlug' Nigorxonim Mo'g'uliston xoni va Toshkent hokimi Yunusxonning qizi edi. Boburning onasi o'qimishli va oqila ayol bo'lib, Boburga hokimiyatni boshqarish ishlarida faol ko'mak bergan, harbiy yurishlarida unga hamrohlik qilgan. Umarshayx Mirzo xonadoni poytaxt Andijonning arki ichida yashar edi. Hokim yoz oylari Sirdaryo bo'yida, ya'ni Axsida, yilning qolgan faslini Andijonda o'tkazardi. Boburning yoshligi Andijonda o'tgan. Bobur barcha temuriy shahzodalar kabi maxsus tarbiyachilar, yirik fozilu ulamolar ustozligida harbiy ta'lim, fiqh ilmi, arab va fors tillarini o'rganadi, ko'plab tarixiy va adabiy asarlar mutolaa qiladi, ilm-fanga, qiziqa boshlaydi. Dovyurakligi va jasurligi uchun u yoshligidan «Bobur» («Yo'lbars») laqabini oladi.

Bobur otasi yo'lidan borib, mashhur sufiy — Xoja Ahrorga ixlos qo'yadi va uning tariqati ruhida voyaga yetadi, umrining oxiriga qadar shu e'tiqodga sodiq qoladi. Keyinchalik, «Boburnoma» asarida Bobur Xoja Ahror ruhi bir necha bor uni muqarrar halokatdan, xastalik va chorasizlikdan xalos etganini, eng og'ir sharoitlarda rahnamolik qilganligini ta'kidlaydi. Otasi Axsida bevaqt, 39 yoshida fojiali halok bo'lgach, oilaning katta farzandi, 12 yoshli Bobur valiahd sifatida taxtga o'tiradi (1494 yil iyun).

Boburning o'z guvohligiga ko'ra, shoir sifatida ijodiy faoliyati Samarqandni ikkinchi marta egallagan vaqtda boshlangan; «Ul fursatlarda biror ikki bayt aytur edim», deb yozadi u. Bobur Samarqanddaligining ilk oylarida Alisher Navoiy tashabbusi bilan ular o'rtasida yozishma boshlanadi. Bobur atrofida ijodkorlar to'plana boshlashi ham shu yillarga to'g'ri keladi. Jumladan, Binoiy, Abulbaraka va Bobur o'rtasidagi ruboiy mushoirasi Samarqanddagi qizg'in adabiy hayotdan darak beradi. Umuman, davlat arbobi va ko'p vaqti jangu jadallarda o'tgan sarkarda sifatida ijtimoiy faoliyatining eng qizg'in davrida ham, shaxsiy hayoti va davlati nihoyatda murakkab va xatarli sharoitda qolgan chog'larida ham Bobur ijodiy ishga vaqt topa bilgan, ilm, san'at va ijod ahlini o'z atrofiga to'plab, homiylik qilgan, ularni rag'batlantirgan.

O'tmish adabiyot va tarix, musiqa va san'atdan yaxshi xabardor bo'lgan, Bobur har doim olimu fozillar davrasida bo'ldi, xususan ijod ahliga, kasbu hunar sohiblariga samimiy ehtirom ko'rgazib homiylik qildi, ularni moddiy va ma'naviy rag'batlantirib turdi. Ijod va san'at ahliga bunday mehrli munosabat aslo bejiz bo'lmagan. Bobur tabiatan ijodkor edi. Yigitlik yillaridan boshlab to umrining oxirigacha samarali ijodiy ish bilan shug'ullandi, har qanday sharoit va vaziyatlarda ham ijoddan to'xtamadi, natijada, har jihatdan muhim boy ilmiy va adabiy meros qoldirdi.

Bobur 18—19 yoshlarida ruboiy va g'azallar yoza boshlagan. Uning «Topmadim» radifli g'azali va «Yod etmas emish kishini g'urbatda kishi» misrasi bilan boshlanuvchi ruboiysi o'sha yillardagi hayoti bilan bog'liq.

Boburning ulkan san'atkorligi shundaki, shaxsiy kechinmalarini jiddiy umumlashma darajasiga ko'tara oladi va natijada asarlarida olg'a surilgan g'oyalar umuminsoniy qadriyatlar darajasiga ko'tariladi. Bobur ijodida, xususan, she'riyatida kindik qoni to'kilgan ona yurtini dildan qo'msash, uning tuprog'iga talpinish, g'ariblik azoblaridan o'tli hasrat, yoru diyor sog'inchi va visol ilinji, taqdir zarbalari va turmush uqubatlari, zamona nosozliklaridan nola badiiy tahlil etiladi.

Bobur ijodida ishq-muhabbat, sevgi-sadoqat, visol va hijron mavzui ham salmoqli o'rin tutadi. Uning g'azal va ruboiylarida, tuyuq va masnaviylarida ma'shuqaning maftunkor go'zalligi, beqiyos husnu latofati, sharqona odobu axloqi, nozu karashmasi yengil va o'ynoqi, musiqiy va ravon misralarda katta mahorat bilan tarannum etiladi.

Boburning o'z she'riy asarlarini to'plab, devon holiga keltirgan sanani ko'rsatuvchi aniq tarixiy ma'lumotlar ma'lum emas. Ammo «Boburnoma»ning 1518—19 yillar voqealari bayoniga bag'ishlangan faslida Bobur devonini Qobuldan Samarqandga yuborganligi to'g'risida so'z boradi. Demak, shu yillarda uning devoniga tartib berilgan va mazkur devon Movarounnahrda ham tarqalgan.

Hozirda uning 119 g'azali, bir masnu she'ri, 209 ruboiysi, 10 dan ortiq tuyuq va qit'alari, 50 dan ortiq muammo va 60 dan ziyod fardlari aniqlangan. Devoni tarkibida umumiy hajmi 270 baytdan iborat 8 masnaviy ham o'rin olgan.

Hindiston yurishlari davri (1521)da Bobur «Mubayyin» asarini yaratdi. Masnaviy tarzida yozilgan bu asarda Movarounnahr va Hindistonga oid o'sha davr ijtimoiy-iqtisodiy hayoti bo'yicha qiziqarli ma'lumotlar ham jamlangan. Valiahd Humoyun va Komron Mirzolarga dasturulamal sifatida mo'ljallangan «Mubayyin»da, ayni zamonda, ham shar'iy mezonlar bayon qilingan. Shu yillarda Bobur Sharq she'riyatining asosiy masalalaridan biri aruz vazni, uning nazariyasi va amaliyotiga oid ilmiy risolasini yakunlaydi. Bobur nomini dunyoga mashhur qilgan shoh asari «Boburnoma» ustidagi ijodiy ishini 1518—

19 yillarda boshlagan.

Boburning yuqorida keltirilgan asarlaridan tashqari, «Xatti Boburiy», shuningdek musiqa san'ati va harb ishlariga maxsus bag'ishlangan qator risolalari ham bo'lgan. Ammo keyingi ikki asar matni hanuz topilgan emas. «Xatti Boburiy»da muallif arab alifbosini taxrir etib, yozuvni soddalashtirish va osonlashtirish maqsadida uni turkiy til va talaffuz mezonlariga moslashtirgan.

1526 yil 21 dekabrda Boburga qarshi suiqasd uyushtiriladi. Mahv etilgan Ibrohim Lo'diyning onasi oshpazlar bilan til biriktirib, uning ovqatiga zahar qo'shtiradi. Shuning asoratimi yoki ko'p yillik mashaqqatli va qo'nimsiz hayot ta'sirimi, har holda keyingi yillarda Bobur tez-tez kasalga chalinib turadi. 1527 yil oktabrda Bobur yana xastalikka uchragach, umrining oxirlab qolganini his etadi. Shunda Bobur o'zi e'tiqod qo'ygan Xoja Ahror Valiy ruhidan najot tilab, ixlos bilan uning nasrda bitilgan «Volidiya» asarini she'riy tarjima qiladi. Boburning mohir tarjimon sifatidagi qobiliyati namoyon bo'lgan 243 baytli bu asar katta ijodiy ilhom bilan juda qisqa muddatda yakunlangan. Boburning o'z e'tiroficha, tarjima tugashi hamonoq batamom sog'ayib ketgan. Bu yillarda u «Boburnoma» fasllari ustida ishlashni davom ettirdi, yangi g'azal ruboiylar yaratdi, o'z iborasi bilan aytganda, «Hindistong'a kelgali aytqon ash'orni» tartibga solib, shuningdek, «Volidiya» tarjimasini, «Xatti Boburiy» bilan bitilgan namuna va qit'alarni Movarounnahr va Afg'onistonga, Xumoyun, Xoja Kalon, Hindol va boshqaga yubordi. Humoyun Mirzoga atalgan ijtimoiy-axloqiy masalalarni tahlil etuvchi mashhur maktubi ham Bobur ijodiy faoliyatining yorqin qirralaridan biri bo'ldi.

Bir necha muddat oldin podsholikni Humoyunga topshirgan Bobur 47 yoshida o'zi asos solgan saltanat poytaxti Agrada vafot etdi va o'sha yerda dafn etildi, keyinchalik (1539), vasiyatiga muvofiq xoki Kobulga keltirilib, o'zi bunyod ettirgan «Bog'i Bobur»ga qo'yildi.

** 词语和词组

sarkarda	统帅
shahzoda	王子
o'qimishli	有学问的
oqila	＜书＞聪慧
harbiy	军事的
hamrohlik qilmoq	陪伴
fozilu-ulamo	学者
fiqh	神学
dovyuraklik	大无畏精神
laqab	绰号
sufiy	苏菲主义
ixlos qo'ymoq	留恋
tariqat	精神修养之道
muqarrar	必然的
xastalik	病，病害
rahnamolik	＜书＞统率，领导
fojiali	悲惨的
valiahd	太子
taxtga o'tirmoq	登基
mushoira	即兴诗
qizg'in	热烈的
darak	消息，信息

xatarli	危险的
ahl	人
rag'batlantirmoq	激励
sohib	所有者，主人
ehtirom	敬意
aslo	并不；绝不
vaziyat	形势，局势
radif	双押韵（诗歌形式）
kechinma	感受，体验
qo'msamoq	思念
tuproq	土壤
talpinmoq	力图，追求
azob	痛苦
o'tli	火热的
hasrat	忧愁，悲伤
diyor	祖国，家乡
visol ilinji	相见之盼
zarba	打击
uqubat	痛苦
nosozlik	不和谐
nola	呻吟
tahlil etmoq	分析
sadoqat	忠诚
hijron	异地居住
salmoqli	庄重的
tuyuq	图俞克（同形词诗歌形式）

ma'shuqa	心爱的
maftunkor	醉人的，姣媚的
latofat	迷人
sharqona	东方式
karashma	扭捏
o'ynoqi	活泼的
tarannum etilmoq	歌颂
devon	抒情诗集
Movarounnahr	河中地区
muammo	谜语诗歌
fard	单一（诗）
bayt	两行（诗）
dasturulamal	指令
shar'iy	符合宗教要求的
mezon	准则，标准
aruz vazni	阿鲁兹格律
risola	书信体文艺作品
harb	<旧>战争
hanuz	至今
suiqasd	谋害，阴谋
mahv etiemoq	被摧毁
zahar	毒药
asorat	（不好的）影响
mashaqqatli	艰难的
qo'nimsiz	居无定所
nasr	散文

ilhom	灵感
sog'aymoq	康复
maktub	书信
qirra	边，棱
saltanat	统治
dafn etmoq	埋葬，安葬
vasiyat	遗言

说一说

Savollarga javob bering.

(1) O'zbek adabiyoti necha davrga bo'linadi?

(2) O'zbek mumtoz adabiyoti qaysi yillarni oz ichiga oladi?

(3) Milliy uyg'onish davri o'zbek adabiyoti qaysi yillarni o'z ichiga oladi?

(4) Yangi o'zbek adabiyoti qaysi yildan boshlanadi?

(5) "Boburnoma" qanday asar?

(6) "Boburnoma" nechanchi yillarda yozilgan?

(7) Asar "Boburnoma" dan tashqari yana qanday nomlar bilan atalgan?

2. Zamonaviy o'zbek adabiyoti

2.1 O'tkir Hoshimov hayoti va ijodi

Aziz o'quvchilar! Siz ijodini o'rganishga kirishayotgan O'tkir Hoshimov adabiyotimizning mashhur vakili. O'ndan ortiq roman va qissalar, biri-biridan ta'sirchan ko'plab hikoyalar, bir nechta hayajonli dramatik asarlar muallifi. Dastlabki qissasi bilan yirik adib Abdulla Qahhorning nazariga tushgan. O'.Hoshimovning «Cho'l havosi» qissasini o'qigan adib yozuvchiga maktub bitib, asar uni suyuntirib yuborganini aytgan, «sof, samimiy, tabiiy, iliq, rohat qilib o'qiladi»gan asar yozgani bilan tabriklagan edi.

O'tkir Hoshimov 1941-yilda Toshkentning Do'mbirobod mahallasida tug'ilgan. Yoshligidan ilmga, adabiyotga, san'atga qiziqqan bo'lajak yozuvchi 5-sinfda o'qib yurgan vaqtidayoq, she'r mashq qila boshlagan edi. Dastlabki kitobi esa yozuvchining talabalik yillarida nashr etilgan. O'tkir Hoshimov hayot qozonida qaynagan, yozuvchi sifatida hayotdan bir qadam ham ajramay qalam tebratgan ijodkor edi. U butun hayoti davomida amaliy va ijodiy ishni teng olib bordi. Adibning hayot yo'liga nazar tashlaydigan bo'lsak, uning xat tashuvchi, musahhih, muxbir, gazetada bo'lim mudiri, nashriyotda va jurnalda bosh muharrir kabi bosqichlarni bosib o'tganiga guvoh bo'lamiz. Keyingi yillarda bir necha marta xalq deputatligiga saylangan adib oliy majlisda qo'mita raisi sifatida ham faoliyat ko'rsatgan. Biroq bir lahza bo'lsa-da, adabiy ijod bilan aloqani uzgani yo'q. Keyingi 8–10 yilda ham adibning qator sermazmun kitoblari, publitsistik maqolalari chop etildi. Hozirda adibning «Urushning so'nggi qurboni», «Muhabbat» kabi ko'plab hikoyalari, «Nur borki, soya bor», «Ikki eshik orasi», «Tushda kechgan umrlar» nomli romanlari, «Odamlar nima derkin», «Shamol esaveradi», «Ikki karra ikki – besh», «Bahor qaytmaydi», «Dunyoning ishlari» nomli qissalari, «Daftar hoshiyasidagi bitiklar» nomli hikmatlar to'plami respublikamiz va xorijda sevib o'qilmoqda. «Qatag'on», «Inson sadoqati», «To'ylar muborak» dramalari mamlakatimiz teatrlarida sahnalashtirilgan. Respublika radiosida efirga berilayotgan, televideniyesida koʻrsatilayotgan bir qancha radio va telespektakllar ham hassos yozuvchimiz asarlari asosida yaratilgan.

Oʻzbekiston xalq yozuvchisi, oʻtkir nufuzli jurnalist, jonkuyar adib Oʻtkir Hoshimov uzoq davom etgan xastalikdan soʻng 2013-yilning 24-may kuni Toshkentda vafot etdi.

** 词语和词组

qissa	小说，中篇小说
hayajonli	令人激动的，紧张的
choʻl	草原；沙漠
rohat	安逸，享受
qaynamoq	沸腾
qalam tebratmoq	写作
musahhih	校对员
muxbir	记者
deputat	议员
oliy majlis	最高议会
qoʻmita	委员会
rais	主席
lahza	瞬间，刹那
sermazmun	内容丰富的
publitsistik	政论的
soya	影子
hikmat	名言警句，道理
hassos	敏锐的

nufuzli	有威信的
jonkuyar	热衷于……的

2.2 Abdulla Oripov hayoti va ijodi

Abdulla Oripov 1941 yil 21 martda Qashqadaryo viloyati Koson tumani Nekoʻz qishlogʻida dunyoga keldi. 1958 yilda oʻrta maktabni oltin medal bilan tamomlagan Oripov Toshkent Milliy universitetining jurnalistika fakultetiga oʻqishga kirib, uni ham 1963 yilda imtiyozli diplom bilan yakunlaydi. «Yosh gvardiya» (1963-69), Gʻafur Gʻulom nomidagi Adabiyot va sanʼat nashriyotlarida muharrir (1969-74), «Sharq yulduzi» jurnalida adabiy xodim, boʻlim mudiri (1974-76), Oʻzbekiston Yozuvchilar uyushmasida adabiy maslahatchi (1976-82), masʼul kotib (1985-88), Toshkent viloyat boʻlimida masʼul kotib (1982—83), «Gulxan» jurnalida muharrir (1983-85), 1996 yildan Oʻzbekiston Yozuvchilar uyushmasi raisi, ayni vaqtda, Oʻzbekiston Respublikasi Mualliflik huquqini himoya qilish davlat agentligi raisi lavozimlarida faoliyat yuritgan.

Shoir va jamoat arbobi, Oʻzbekiston xalq shoiri Abdulla Oripovning «Tilla baliqcha», «Men nechun sevaman Oʻzbekistonni» singari dastlabki sheʼrlari talabalik yillarida yozilgan va oʻzbek sheʼriyatiga yangi, isteʼdodli, oʻziga xos ovozga ega shoirning kirib kelayotganidan darak bergan. Koʻp oʻtmay, «Mitti yulduz» (1965) ilk sheʼrlar toʻplamining nashr etilishi sheʼriyat muxlislarida paydo boʻlgan shu dastlabki tasavvurning toʻgʻri ekanligini tasdiqlagan. Shundan keyin shoirning «Koʻzlarim yoʻlingda» (1966), «Onajon» (1969), «Ruhim», «Oʻzbekiston» (1971), «Xotirot», «Yurtim shamoli» (1974), «Yuzma-yuz», «Hayrat» (1979), «Najot qalʼasi» (1981), «Yillar armoni» (1983), «haj daftari», «Munojot» (1992), «Saylanma» (1996), «Dunyo» (1999), «Shoir yuragi» (2003) singari she'riy kitoblari nashr etilgan.

Oripov o'zbek she'riyatiga o'tgan asrning 60-yillarida sobiq sovet jamiyatida esa boshlagan yangi shabadaning elchisi sifatida kirib keldi. U dastlabki she'rlaridan boshlab milliy she'riyatda yangi poetik tafakkurning qaror topishi yo'lida ijod qildi; turmushda paydo bo'la boshlagan yangicha qarashlar, kishilarning ruhiy olamidagi evrilishlar, fikr va xatti-harakat erkinligiga bo'lgan ehtiyoj Oripov she'rlarining g'oyaviy mundarijasini belgilab berdi.

Oripovning dastlabki she'rlaridagi romantik kayfiyat asta-sekin o'z o'rnini falsafiy mushohadalarga bo'shatib, shoirning hayotda ro'y berayotgan voqea va hodisalarga munosabati faol tus oldi. Shu ma'noda «Tilla baliqcha», «Qo'riqxona», «Genetika», «Olomonga» kabi she'rlar Oripovning lirik she'riyat ufqlarini hayot muammolari tasviri hisobiga kengaytirib borayotganidan darak berdi. Xuddi shu narsa Oripovning doston janriga murojaat etishi va liro-epik tasvir imkoniyatlaridan samarali foydalanishiga sababchi bo'ldi. Abdulla Oripov «Jannatga yo'l» (1978), «Hakim va ajal» (1980), «Ranjkom» (1988) kabi dostonlarida ma'naviyat masalalariga alohida e'tibor berib, kishilarning ruhiy olamidagi ayrim qusurlar bilan ilmiy-texnik taraqqiyot va tafakkurning parvozi o'rtasidagi ziddiyatni ochib tashladi. Umuman, Oripovning she'r va dostonlarida olg'a surilgan ma'naviy muammolar mustaqillik davrida, ayniqsa, dolzarb ahamiyat kasb etib, shoirning xuddi shu masalalar tasvirida o'z davriga nisbatan (ularning aksari 90-y; larga qadar yozilgan) ilg'orlab ketganini namoyish etdi. Uning ijodida, bir tomondan, G'afur G'ulom lirikasiga xos falsafiylik ko'zga tashlansa, ikkinchi tomondan, Hamid Olimjon she'rlariga xos musiqiy ravonlik va badiiy soddalik aks etib turadi. Mazkur 2 manba Oripov she'rlarida o'zaro tutashgan holda orifona she'riyatning asosiy xususiyatlarini ifodalab keladi.

Shoirning so'nggi yillar lirikasida tuyg'u va kechinmalar tasviri susaymagan holda yana bir muhim fazilat bor. Bu Oripov she'rlariga liro-epik tasvir unsurlarining ko'plab kirib kelishidir. U mustaqillik yillarida adabiyotning rang-barang tur va janrlarida ijod eta boshladi. Shu davrda tarixiy adolatning tiklanishi, o'tmishda yashagan sarkardalar va allomalar xotirasining e'zozlanishi Oripovni Amir Temurning O'rta Osiyo xalqlari tarixiy taqdirida o'ynagan buyuk rolini ko'rsatuvchi «Sohibqiron» she'riy dramasini (1998) yozishga ilhomlantirdi. Xalq shoiri bu asarida qariyb uch asr davomida hukm surgan qudratli Temuriylar saltanatining asoschisi va XV asr Sharq Uyg'onish davrining boshlanishiga ijtimoiy-siyosiy, iqtisodiy va madaniy sharoit yaratgan Amir Temur obrazini yorqin gavdalantirib berdi. Mazkur asar respublikaning barcha yirik teatrlari va qardosh mamlakatlar sahnalarida katta muvaffaqiyat bilan o'ynaldi.

Abdulla Oripov O'zbekiston Respublikasi Davlat Madhiyasining matni muallifi ekani bilan ham xotiralarda saqlanib qoladi. U Navro'z va Mustaqillik bayramlarini o'tkazish bo'yicha yozilgan aksariyat ssenariylar muallifidir.

Oripov Yozuvchilar uyushmasiga raislik qilgan kezlari O'zbekiston eng yangi tarixi adabiy jarayoniga rahbarlik qildi. Uning she'riyati Muhammad Yusuf kabi ko'plab shoirlar ijodining shakllanishiga ta'sir ko'rsatgan. Abdulla Oripov jahon adabiyoti durdona asarlarini o'zbek kitobxonlariga yetkazishda ham samarali mehnat qildi. U Dante «Ilohiy komediya»sining «Do'zax» qismini, A.S.Pushkin, N.A.Nekrasov, T.G.Shevchenko, L.Ukrainka, R.Hamzatov, Q.Quliyev va M.Bayjiyev asarlarini o'zbek tiliga mahorat bilan tarjima qildi. O'z navbatida, uning asarlari ham rus, ingliz, bolgar, turk, ukrain, turkman, ozarbayjon kabi ko'plab xorijiy tillarga tarjima qilingan. 1990-yilda O'zbekiston Oliy Kengashi, 1995-yilda O'zbekiston Oliy Majlisi deputatligiga saylandi. Abdulla Oripov Kaliforniya (AQSh) Fan, ta'lim, sanoat va san'at xalqaro akademiyasining haqiqiy a'zosi. Soka universiteti (Yaponiya) professori. «O'zbekiston milliy ensiklopediyasi» Bosh tahrir hay'ati a'zosi, Xamza nomidagi hamda Alisher Navoiy nomidagi O'zbekiston Respublikasi Davlat mukofotlari laureati, "O'zbekiston Qahramoni" edi

** 词语和词组

imtiyozli	经典的
gvardiya	近卫军
mudir	主任
yozuvchilar uyushmasi	作家协会
maslahatchi	顾问
kotib	秘书
iste'dodli	有才能的
mitti	极微小的
xotirot	回忆；回忆录
munojot	祷告
shabada	微风
elchi	使者
poetik	诗的，诗学的
evrilmoq	（为达成目的而）努力
mundarija	目录
kayfiyat	情绪，心情

ufq	天际
qusur	瑕疵，毛病
ziddiyat	矛盾
dolzarb	前沿的
aksar	多数
ravonlik	流畅
susaymoq	减少，衰退
unsur	元素
adolat	正义，公平
qudratli	强大的
obraz	形象
gavdalantirmoq	描绘
madhiya	国歌
senariy	剧本；脚本
kez	时候，时刻
do'zax	地狱
hay'at	全体人员，委员
mukofot	奖励，奖赏
laureat	获奖者

** 说一说

Savollarga javob bering.

(1) O'tkir Hoshimovning qaysi asarlarini bilasiz?

(2) O'tkir Hoshimov qayerda tug'ilgan?

(3) Adibning ilk asari qaysi?

(4) Birinchi hikoyasini o'qib unga kimning nazari tushadi va xat yozadi?

(5) Abdulla Oripov qayerda, qachon tug'ilgan?

(6) Uning qanday she'rlarini bilasiz?

(7) U qanday lavozimlarda ishlagan?

(8) Adib va shoir so'zlarining farqini tushuntirib bering.

(9) Zamonaviy xitoy adib va shoirlar haqida ham gapirib bering.

第七单元 >>>>
服饰与民族工艺

VII BOB. Kiyim-kechak va hunarmandchilik

1. Milliy kiyimlar

O'zbek milliy liboslari juda yorqin, chiroyli, qulay bo'lib, xalqning boy madaniy an'analari va turmush tarzining bir qismidir. Shaharlarda milliy libosdagi odamlarni topish kamdan-kam uchraydi, bugungi kunda u an'anaviy bayram tadbirlarida kiyiladi, ammo qishloqda u hali ham kundalik va dam olish kunlari liboslarining bir qismi bo'lib xizmat qiladi.

O'zbek erkaklar kiyimlari erkaklar milliy libosining asosini chopon tashkil etadi, u belga ro'mol – qiyiqcha bilan bog'lanadi. An'anaviy bosh kiyim - do'ppi. Badaniga ko'ylak, ishton - pastki qismiga torayib tushadigan keng shim kiyiladi. Oyoqlariga yupqa teridan tikilgan etiklar kiyishgan. Kundalik ko'ylak uzun ro'moldek belbog' bilan bog'langan.

An'anaviy o'zbek ayollar libosi xonatlasdan tikilgan uzun ko'ylak, guldor va qirqimlardan tikilgan ustki kiyimdan iborat. Bayramona kiyimlarda atlas mato va boy oltin kashta ishlatiladi. Ayollar bosh kiyimi bir vaqtning o'zida uchta elementni o'z ichiga oladi: do'ppi, ro'mol va salla. Oltin yoki kumushdan yasalgan zargarlik buyumlari har doim barcha yoshdagi o'zbek ayollari libosiga ajralmas qo'shimcha bo'lib kelgan.

** 词语和词组

ro'mol	头巾
qiyiqcha	束腰巾
ishton	裤子
toraymoq	变窄
yupqa	薄的
etik	靴子
belbog'	腰带
xonatlas	优质艾德莱丝绸
qirqim	开衩的
atlas	艾德莱丝绸

1.1 Atlas

Atlas (arab. —tekis, silliq) — tanda ipi ham, arqoq ipi ham tabiiy ipakdan to'qiladigan bir yuzlama silliq mato. Tanda ipi abrbandi usulida bo'yab bezatiladi. Alohida ishlov berib atlasga jilo beriladi, shunga ko'ra u tovlanib turadi. Ilgari mato yuziga kudung urilgan, hozirgi kunda atlas issiq sathli baraban — kalandrdan o'tkaziladi. O'zbek atlaslari rang-barang nafis gullarga boy, bu gullar bir-biri bilan uyg'unlashib, matoda yaxlit go'zal bir naqshni hosil qiladi. Atlasning tabiiy ipakdan to'qilgan eng a'lo navi sakkiz tepkili xonatlas deb ataladi. Xonatlasning barcha siri uning tuzilishi va toʻqilish usulidadir.

Atlasning toʻqilish jarayoni: toʻrt tepkili atlas toʻrt tepkili dastgohda, sakkiz tepkili atlas sakkiz tepkili dastgohda toʻqiladi. Taidaga gulalar tandaning har sakkiz naxi toʻqilishda ustma-ust keladigan qilib koʻtariladi, naxlar tepkilarga muvofiqlashtirilib, gulalar oʻynagʻichlarga ulanadi. Tepki bosilganda gulaning biri pastga tortilib, ustma-ust yotgan naxlardan birining komi ochiladi va orasidan birinchi arqoq ipi oʻtadi, ikkinchi tepki bosilsa, ikkinchi komi ochilib, ikkinchi arqoq ipi oʻtadi. Shu tariqa sakkiz nax orasiga sakkiz arqoq ipi ustma-ust tushib, tanda ipi matoning ustiga tomon joylana borib toʻqima bir yuzlamaga aylanadi. Qadimda atlaslar dastaki dastgoh (qoʻl doʻkon)larda toʻqilgan. Hozir dastaki dastgohlarda ham, mexanik dastgohlar (toʻquv stanoklari)da ham toʻqiladi. Mexanik dastgohlarni elektr dvigatel harakatlantiradi. Oʻtmishda atlasning bir kiyimligi yaxlit holda ham, ikki boʻlakka boʻlib ham sotilgan. Ikki boʻlakka boʻlingan atlasning har bir boʻlagi bir toqa atlas, ikkala toqasi (bir kiyimligi) bir joʻra atlas deb nomlangan. Atlasni toqa-joʻra qilish 1930-yillarda urfdan qoldi.

Atlas toʻqish Margʻilonda juda qadimdan rivojlangan, boshqa joylarga shu yerdan tarqalgan. 20-asr boshlarida bu yerda yuzlab atlas toʻquvchi kosiblar boʻlgan, 20-yillarda ular 4 ta sanoat artellariga uyushgan. 1963-yilda bu artellar birlashtirilib yirik korxona — "Atlas" firmasiga aylantirildi. 1976-yildan Margʻilon atlas ishchi-chevarlar birlashmasiga oʻzgartirildi. Atlas toʻqish, ayniqsa, Namangan (Namangan shoyi ishchi-chevarlar birlashmasi), Xoʻjandda, shuningdek Andijon, Qoʻqon, Samarqand shaharlarida rivoj topgan. Atlasdan ayollar liboslari, koʻrpa, koʻrpachalar, erkaklar qiyigʻi va boshqa buyumlar tayyorlanadi. Eng mashhur atlaslar: "Qora atlas", "Bargi karam", "Chaqirim", "Yahudiy nusxa", "Namozshomgul", "Shaxmat", "Qora ko'zim" va boshqalar. O'zbekiston atlaslari respublika hududidan tashqariga — xorijiy mamlakatlarga ham chiqarilmoqda. 1967-yilda Monreal (Kanada)da o'tkazilgan xalqaro ko'rgazmada, 1978-yilda Yugoslaviyaning Zagreb shahrida bo'lib o'tgan xalqaro yarmarkada xonatlas Oltin medal bilan mukofotlangan. Toshkent Modellar uyida xonatlasdan tikilgan tayyor kiyimlar 1970-yilda Yaponiya (Osako)da, 1987-yilda Budapesht kuzgi yarmarkasida, 1988-yilda Bag'dodda, 1989-yilda Hindiston (Dehli) da bo'lib o'tgan xalqaro yarmarkalarda, AQShning Vashington (1998) va Chikago (1999) shaharlarida xususiy kolleksiyalardagi o'zbek atlaslari namoyish etildi.

** 词语和词组

tanda ipi	经纬（丝）
arqoq ipi	纬纱（丝）
abrbandi usuli	扎染技术
jilo bermoq	闪光，放异彩
tovlanmoq	（色彩）闪变
kudung urilmoq	上浆
sath	表面，平面
baraban	滚筒，感光滚
kalandr	轧光机
nafis	雅致，精美
yaxlit	完整的
nav	等级，品种
tepkili	踏板
dastgoh	机床

kom	口儿
dastak	手柄，摇臂
to'quv stanoklari	织机
dvigatel	发动机
toqa–jo'ra	单双（匹）
artel	组合
ishchi–chevarlar birlashmasi	手艺工人联合会
ko'rpacha	褥子；床垫
kolleksiya	系列，集合；藏品

1.2 Atlas afsonasi

Qadim zamonda Marg'ilonda bir hunarmand bo'zchi yashagan ekan va uning go'zallikda tanho qizi bo'lib, Marg'ilon xoni unga sovchi qo'yibdi. Ammo qiz unamabdi. Shunda g'azablangan xon bo'zchiga muhlat berib, shu vaqt ichida hayratlanarli biron nima yaratishini buyuribdi. Agar bo'zchi bu shartni bajarsa, o'zi va qizi jazodan qutulib qolishini, yo'qsa, bu ishning oqibati yaxshi bo'lmasligini aytibdi. G'amga botgan bo'zchi ariq bo'yida uzoq o'tiribdi. Bir mahal to'satdan havo aynib, yomg'ir yog'ibdi, so'ng bulutlar orasidan quyosh ko'rinib, osmonda jilolangan kamalak aksi ariqdagi suvga tushibdi. Bo'zchi turfa tusda yaltirayotgan rango-rang kamalak aksidan hayratlanganicha bir zum qotib qolibdi va ustaxonasiga qaytib kamalakdan andaza olib, bir mato yaratibdi. Xon matoni ko'rib, hayratdan lol bo'lib, uni qanday yaratganini so'rabdi. Bo'zchi esa unga lolaning qizil rangini, osmon moviyligini, majnuntolning yashilligi, quyoshning zarrin nuri va qizining ko'zidagi mehr uchqunini jo qilganligini aytibdi. Xon matoni silab turib, unga "xonatlas" deb nom beribdi.

** 词语和词组

bo'zchi	织布工
tanho	孤独的
g'azablanmoq	愤怒
muhlat	期限
mahal	次
kamalak	彩虹
zum	一瞬，一刻
andaza	模型；样儿
lol bo'lmoq	说不出话，呆住
moviylik	蔚蓝
majnuntol	柳树
zarrin	镀金的
uchqun	火花
silamoq	抚摸

2. Hunarmandchilik

2.1 Zardo'zlik

Zardo'zlik — bezak san'ati turi; amaliy san'atning zar (tilla va kumush suvi yuritilgan) ip, nozik sim, ipak bilan kashta tikib bezak yaratadigan sohasi. To'rtburchak chambarakka (korcho'pga) o'rnatilgan baxmal, shoyi, movut, charm va boshqa matolarga zardo'zi usulida kashta (gul, naqsh, tasvir) tikiladi. Kashtada ba'zan metall, tosh, shisha munchoqlar ham ishlatiladi, turli matolar (baxmal, shoyi va boshqalar)dan quroq qilinadi. Oldindan tayyorlangan (rassomlar tomonidan yaratilgan mujassamot nusxasi ko'chirilgan) axta qog'ozlardan keng foydalaniladi. Matoga mustahkamlangan (tikilgan yoki yopishtirilgan) axta qog'oz zar ip bilan bir tomonlama qoplab tikiladi (mustahkamlovchi chok uchun zar ipga moy rangdagi ipdan foydalaniladi), natijada naqshgul yuzasi zar iplar bilan qoplanadi, matoning teskarisida naqshgul shakligina hosil bo'ladi. Zardo'zlar bezak yaratishda bir necha usulni qo'llaydilar: zardo'zi zamindo'zi va zardo'zi guldo'zi, shuningdek birishimdo'zi (ipak ishlatilganda), pulakdo'zi (tugmasimon metall yaproqchalar qo'llanganda) va boshqalar. Mustahkamlovchi va bir necha xil tahrir choklarning mohirona qo'llanilishi hamda ularning naqsh mujassamoti bilan uyg'unlashuvi zardo'zi buyumlarga joziba va nafosat baxsh etadi; ularning badiiy qimmati naqsh mujassamoti, xom ashyosi, tikilishi hamda zardo'z ustaning did va mahoratiga bog'liq.

Naqsh mujassamotida keng tarqalgan an'ana. Badiiy hunarmandlik turi sifatida Yaqin va O'rta Sharqda keng tarqalgan. Asosan, binolar ichini bezaydigan buyumlar ayollarning bayram liboslari bilan tayyorlangan. Arxeologik topilmalar, tarixiy qo'lyozmalar O'rta Osiyo xalqlari orasida zardo'zi kiyim va badiiy buyumlar tikish qadimdan rivojlanganligini ko'rsatadi.

Ispan elchisi Klavixo o'z esdaliklarida zardo'zi usulida tikilgan ko'rpato'shaklar, ipak matoga zar taqilgan qimmatbaho darpardalar va chodirlar haqida, erkak va ayollarning zar ipda tikilgan kiyimlari haqida zavq bilan yozadi. Abdurazzoq Samarqandiy oʻzining "Hindiston safarnomasi" risolasida Shohrux (1442) Hindistonning Kalkutta viloyati hukmdori huzuriga yuborgan elchilari orqali unga zardoʻzi doʻppi sovgʻa qilgani qayd etilgan. Vosifiy oʻzining risolalarida zardoʻzlik kasbi toʻgʻrisida soʻz yuritgan. Darhaqiqat, XV-XVIII asrlarda Buxoro, Samarqand, Hirotda zardoʻzlik yuksak pogʻonaga koʻtarilgan. Uning XIX asrdagi taraqqiyoti Buxoro bilan bogʻliq. Buxoroda saqlanib kelayotgan zardoʻzlik kasbi uzoq davr mobaynida sayqal topib, takomillasha borgan. Zardoʻzlik bilan, asosan, erkaklar shugʻullangan (hozir ayollar orasida ham keng tarqalgan), ular ustaxonalarga uyushib ishlashgan. XIX asr oʻrtalari – XX asr boshlarida yaratilgan zardoʻzi buyumlar (toʻn, kamzul, chakmon, chalvor, poyabzal, belbogʻ, salla, kuloh va jul kabi) ning deyarli barchasi amir va uning oilasi, saroy aʼyonlari uchun tayyorlangan, qisman badavlat xonadonlar buyurtmalari ham bajarilgan. XIX asr 30-60-yillarida zardoʻzlikda aks ettirilgan mujassamotlar qanchalik oddiy boʻlsa, kashta-gullar ham shunchalik ravon va jozibador boʻlgan. XIX asr 70-80-yillarida zar ip yoki zar aralashtirib eshilgan ipak ip (pushti, toʻq qizil, moviy, yashil) dan foydalanilgan. Zardoʻzlikning zardoʻzi birishimdoʻzi nomli oʻziga xos turi shu davrga xosdir.

1893-yildan zar iplarning yangi navlari koʻp miqdorda ishlab chiqarilib, ular rangli ipak iplarni siqib chiqardi va umumiy tikish uslubini ham tubdan oʻzgartirib yubordi. 1890-1900-yillardagi zardoʻzlik zargarona oʻta nozikligi bilan ajralib turadi. Turli koʻrinishdagi boʻrtma girihlar, yulduzchalar va shunga oʻxshagan boshqa bezaklar buyumga oʻzgacha zeb berib turgan, ayniqsa, davqur mujassamoti alohida oʻrin tutgan. XX asr 20-yillarida barcha amaliy buyumlarning turlari oʻzgardi, avvalgi hashamdor buyumlar oʻrnini nafis ishlangan, davr talabiga mos buyumlar egalladi, naqsh mujassamoti soddalashtirildi, an'anaviy naqshlar davr ruhini ifoda etuvchi shakllar bilan boyitildi.

Zardoʻzlar ayollarning bayram liboslari (koʻylak, nimcha, doʻppi, kamar, kavush, sumkacha), an'anaviy buyumlar, erkaklar uchun sovgʻa toʻnlar, doʻppilar tayyorlay boshladilar. XX asr 40-50-yillar boshida mahobatli zardoʻzi namoyonlar yaratish sezilarli darajada rivojlandi. Dastlabki yirik ish Navoiy teatri uchun tikilgan zardoʻzi parda boʻldi (1947, A. Shchusev chizgisi, hajmi 7x27 m). Rassomlarning amaliy san'at ustalari bilan hamkorligi hamda ijodiy izlanishlar natijasida yangi mujassamotli mayda buyumlar, badiiy jihatdan qimmatli namoyonlar yaratildi va yaratilmoqda: "Kitoba" (1952, N. Aminov chizgisi), "Paxta" (1955, M. Prutskaya chizgisi), "Bayram" (1959, V.Stolyarov va M.Ahmedova chizgisi), "Girih" (1962, V. Stolyarov chizgisi), Alisher Navoiyning 525 yilligiga (1968) va boshqalarga bagʻishlangan namoyonlar zardoʻzlikning katta yutugʻi boʻldi.

XX asr 90-yillariga kelib zardoʻzlik qayta tiklandi. Buxoro, Andijon, Namangan, Fargona, Toshkent, Samarqand, Urgut, Qarshi, Jizzax shaharlari, Surxondaryo viloyati zamonaviy zardoʻzlik san'atining markazlari hisoblanib, zardoʻz ustalar (N.Aminov, B.Jumayev, S.Akbarova, T.Sodiqova, G.Bozorova, G.Pirimqulova, M.Habibova, G.Nurtoyeva, M.Muhiddinova, D.Tosheva va boshqalar) chopon, doʻppi, nimcha kabi liboslar qatorida mavzuli namoyonlar, teatr pardalari hamda sovgʻa buyumlar, koʻzoynak gʻilofi, upa-elik sumkachalarini zardoʻzlik usullarida bezatishni rivojlantirdilar.

B.Jumayev rafiqasi M.Jumayeva bilan birgalikda Buxoro zardoʻzlik san'ati maktabini tiklash va rivojlantirish maqsadida markaz tashkil qildi (1995). B.Jumayevning "Bahouddin Naqshbandiy" (1997), "Buxoroyi Sharif" (1997), "Qoʻshtovus" (1998), "Gultuvak" (1998), "Alisher Navoiy" (1998) mavzularidagi devoriy namoyonlarining yuqori darajadagi texnik ijrosi hamda muallifning o'ziga xos uslubi va badiiy an'analarning uyg'unlashganligi bilan ajralib turadi. Ustalar va rassomlar yaratayotgan yirik mavzuli zardo'zi buyumlar respublika va chet mamlakatlar ko'rgazmalarida namoyish etilmoqda, muzeylarida saqlanmoqda.

** 词语和词组

bezak	装潢
nozik	娇小的；精致的
sim	丝，线
chambarak	圆环
baxmal	丝绒，天鹅绒
movut	呢子
quroq qilmoq	拼接
mujassamot	体现
axta	阉
chok	缝儿
moy	油
teskari	反面
mohirona	技术精湛
nafosat	<书>精细
xom ashyo	原料
did	品味
ko'rpa-to'shak	被褥
chodir	帐篷

kamzul	短上衣
chakmon	捷克曼（罩衫式男长衫）
chalvor	灯笼裤，马裤
kuloh	锥形筒帽
jul	粗绒布
a'yon	＜旧＞官员；高阶层的人
bo'rtma	凸出的，浮雕的
girih	（应用于建筑和工艺上的）复杂图案
zeb bermoq	装饰，点缀
davqur	（盖在马身上的）马衣
hashamdor	华丽
nimcha	坎肩，背心儿
kavush	套鞋
mahobatli	雄伟的
g'ilof	套子，盒子
upa–elik	化妆品

2.2 Kulolchilik

Kulolchilikda asosiy xom-ashyo – tuproq. Kelib chiqishi va tarkibi turlicha bo'lgan tuproqlardan turli xil kulolchilik mahsulotlari tayyorlanadi. Loy qancha ko'p pishitilsa, sopolning sifati shuncha yaxshi bo'ladi.

Kulolchilikda asosiy qurol kulolning charxi, usta unda idishlar tayyorlaydi va ularga shakl beradi. Tayyorlangan idishlar quritilib, xumdonda qizdiriladi.

Kulollik charxi – kulollikda ishlatiladigan dastgoh; kulolning asosiy ish quroli, maxsus loydan ishlanadigan idishni shaklga solishda foydalaniladi.

Kulollik charxi ikki yog'och g'ildirak - katta parrak (diametri 1 metrgacha) va kichik sartaxta (diametri 20-30 sm), hamda g'ildiraklarning markazidan o'tgan dumaloq xarsang toshga o'rnatilgan o'qdan iborat. Kulol pastdagi katta g'ildakni oyog'i bilan aylantiradi, yuqoridagi g'ildirak ustiga loyni quyib idish yasaydi. Kulolchilik charxi ilk bor qadimgi Sharqda milloddan avvalgi 4-3 ming yillikda paydo bo'lgan, u dastlab qo'lda aylantirilgan. Keyinchalik o'rta asrlarda oyoq bilan aylantiradigan xili hozir qo'llanilayotgan kulolchilik charxi yuzaga kelgan.

Rishton – Buyuk Ipak yo'lida tashkil topgan, Farg'ona vodiysining eng qadimiy shaharlaridan biri. Qadim zamonlardan Markaziy Osiyodagi eng yirik ajoyib sirlangan sopol buyumlar markazi hisoblanadi. Shahar nomi joylashuv joyiga ko'ra, kulol tuprog'i qizil gil – qizil rangga ega bo'lib, qadimiy so'g'd "Rash" ("Rush", "Rushi") – "qizil yer" so'zidan paydo bo'lgan.

O'rta asrlarda bir tomondan Xitoy va Hindiston, boshqa tomondan Eron va Yaqin Sharq karvon yo'llari chorrahasida joylashgan Rishton tez sur'atlarda rivojlanib, Buyuk Ipak yo'lidagi asosiy to'xtash joyi hamda savdo-sotiqning asosiy markaziga aylangan. Keyinchalik bu yerda jome masjidi qurilgan. Shaharda kulolchilik: Daxbed, Chinnigaron, Kuzagaron, Kulolon mahallalari joylashgan.

XIV asrda ko'plab kulollar Amir Temur va avlodlarining buyuk qurilish loyihalarida ishtirok etish uchun Samarqand shahriga ko'chib kelishlariga to'g'ri kelgan. Biroq, Temuriylar sulolasining tanazzulga uchrashi bilan Rishton ham inqirozga uchradi.

XVIII asrdan boshlab Rishton (Rushdon, Roshidon) shahri asta-sekin qayta tiklangan va XIX asr o'rtalarida hududdagi sirlangan idishlarni ishlab chiqarish bo'yicha yirik markaz nomini qaytadan qaytarib olgan.

Rishtonda oʻrta asrlarda yoʻqolib ketgan ganch–chinni ishlab chiqarish texnikasini XVIII asrda qayta tiklagan aka-uka Abdujalol ("Usta Abdujalol", "Usta Jalil") va Abdujamil ("Usta Abdujamil", "Usta Kuri") oʻz ishlarining buyuk ustalari hisoblanganlar. Kulollar chinni ishlab chiqarish usulini Kashgʻar va Eron davlatlaridan olib kelishgan. Ularning shogirdi Kalli Abdullo ("Kal Abdullo") laqabi ostidagi – chinni mutaxassisi Abdulla Kulol (1797-1872) oqibatda Rishtonning barcha kulollari uchun Usta-oqsoqol boʻlib yetishgan.

XIX asr boshlarida Rishtonning kulol mahsulotlari nafaqat Fargʻona vodiysida, balki butun Markaziy Osiyo boʻyicha yuqori talabga ega boʻlgan. Shahar 300 tadan ortiq kishi ishlaydigan 100 ga yaqin kulol ustaxonalarini oʻz ichiga olgan. Ushbu davrda Qoʻqon xonligi va Sharq hunarmandlari bilan uzviy aloqalar oʻrnatilgan.

XIX asrning 70-yillarida usta Abdulla-Kalli boshchiligida Rishton hunarmandlari bilan birgalikda Qoʻqonda Said-Muhuammad Xudoyorxonning saroyi – Oʻrda bezagi bilan shugʻullanishgan. Ularning sanʼati Qoʻqon xonligi hukmdori tomonidan yuqori baholangan. Xudoyorxon farmoyishi bilan saroyning janubiy qanoti tomonida kufiy yozuvi tushirilgan.

Taxminan xuddi shu davrning oʻzida Xudoyorxon Rushdonda "Bogʻi Xon" nomi bilan mashhur boʻlgan oʻzining qarorgohini qurgan boʻlib, u tez-tez shu yerda toʻxtab, shaharning barcha kulollari uchun bazm uyushtirar edi.

Rossiya imperiyasi davrida kulolchilik mahsulotlari ishlab chiqarishi bevosita qoʻllab-quvvatlangan. XX asr boshlarida Rishton 300 ta kishi ishlaydigan 80 tadan ortiq hunarmandchilikka oid kulol ustaxonalarini oʻz ichiga olgan. Rishton kulollarining mahsulotlari Markaziy Osiyoning barcha shaharlariga kelib tushgan. Baʼzi hunarmandlar esa Qoʻqon, Margʻilon, Andijon, Samarqand, Toshkent va boshqa shahar bozorlarida oʻzlarining shaxsiy savdo doʻkonlarini ochishni boshladilar. Shuningdek, Rishtonga Konibodom, ayrim paytda Gʻijduvon, Qarshi, Shaxrisabz shaharlaridan ustalar oʻzaro tajriba almashish uchun tashrif buyurishgan.

XIX asrning oxirlaridagi mashhur chinni ustalari – Abdurasulov Madamin Axun (Usta Mulla Madamin Axun), Toʻxta-Bachcha (Usta Toʻxta), Bachayev Sali hamda isteʼdodli va rassom xotini bilan birga ishlagan Bobo Boy Niyazmatov Meliboy (Usta Boy Niyazmat) Buyuk ustalarning shogirdi va izdoshlari hisoblanishgan. Mashhur chinnipaz-naqqosh ustalari hisoblanmish Gʻoziyev Mayaqub (Usta Yaqub, 1862-1922), Madaliyev Abdul Sattor (Usta Abdusattor, 1862-1943), koʻzagar Ortiqov Oʻlmas (Usta Oʻlmas, 1864-1950) Rishton kulollarining oxirgi oqsoqollaridan boʻlishgan.

Eng yaxshi hunarmandlar – usta Mulla Madamin Axun, usta Toʻxta, usta Soli va boshqa ustalar mahsulotlari bir necha marotaba butun Rossiya miqyosidagi koʻrgazma-yarmarkalarida qoʻyilgan. 1990-yili Parijda boʻlib oʻtgan Butunjahon koʻrgazmada dunyo kulol mahsulotlari qadriga yetuvchilari tomonidan Rishton ustalari kulollarini Yevropaning eng zoʻr mayolika va xalqaro miqyosda raqobatlasha oladigan mahsulot sifatida yuqori baholashgan koʻrgazma muvaffaqiyat bilan oʻtgan.

1904-yili Fargʻonadagi sanoat va hunarmandchilik koʻrgazmasida Rishtonlik usta Bobo-xoji Mirsalim kulol samovar tayyorlagani munosabati bilan Fargʻona viloyati harbiy gubernatori general-mayor V.I.Pokotilo qoʻlidan oltin medal olgan.

** 词语和词组

| loy | 泥土 |

sopol	粘土
qurol	工具
charx	拉胚机
xumdon	窑炉
diametr	直径
xarsang	大石
o'q	箭；轴
Rishton	里什顿（城）
gil	黏土
tanazzul	衰落；退化
inqiroz	衰退；危机
chinni	瓷器
o'rda	宫殿
farmoyish	<书>号令，命令
kufiy yozuvi	库法体
bazm	盛宴
ko'zagar	陶罐手艺人
ko'rgazma-yarmarka	展会，展销会
mayolika	乌釉陶器
raqobatlashmoq	竞争
gubernator	州长
general-mayor	少将

** 说一说

Savollarga javob bering.

(1) Oʻzbek erkaklar milliy kiyimini tavsiflab bering.

(2) Ayollar milliy kiyimini tavsiflab bering.

(3) Atlas afsonasi nima?

(4) Atlas turlarini sanab bering.

(5) Kulolchilikning qanday yoʻnalishlari mavjud?

(6) Mashhur kulollardan kimlarni aytib bera olasiz?

(7) Oʻzbekistonning qaysi shaharlarida kulolchilik taraqqiy topgan?

(8) Kulolchilik namunalarini oʻz kundalik hayotingizda ishlatganmisiz?

第八单元

乐舞与体育

VIII BOB. Musiqa va sport

1. Musiqa va raqs

1.1 Lazgi

Lazgi — Xorazm xalq kuyi va raqsi. Kuy kichik muqaddima va 3 qismdan iborat. 6/8 o'lchovli gul ufori usulida ijro etiladi. Raqs sekin va oddiy harakatlar bilan boshlanadi — oldin barmoqlar, bilaklar, yelka va keyin butun tana jonlana boshlaydi. So'ngra birdaniga qo'l, oyoq, tana ishtirok etadigan murakkab harakatlar ulanib ketadi. Kuyning bir qismi takrorlangan holda raqs harakatlari almashib boradi. Kuy xarakteri o'zgarishi va sur'at tezlashishi bilan raqs tobora qizg'inlasha borib, keskin holda tamom bo'ladi. Erkaklar (jangovar va qahramonlik ruhida) va ayollar (lirik, hazilomuz) raqslari farqlanadi. Hozirgi davrda Xorazmda lazgi raqsining 9 turi mavjud bo'lib, ular "Qayroq lazgisi", "Dutor lazgisi", "Surnay lazgisi" va hokazolardir.

Bulardan tashqari, XX asr o'rtalaridan boshlab so'z bilan ijro etiladigan, turli ijrochilar tomonidan yallali lazgilar yaratilgan: "Kimni sevar yorisan" (K. Otaniyozov), "Loyiq" (A. Otajonov va M. Rahimov), "Sani o'zing bir yona" (O.Hayitova, B. Jumaniyozov), "Gal-gal" (B. Hamdamov), "Parang ro'mol" (O. Xudoyshukurov), "Xorazmning lazgisi" (O.Otajonov), "O'yna-o'yna" (K. Rahmonov), "Ajoyib" (T. Shomurodov) va boshqalar.

Lazgining kuy va usulidan Sh. Ramazonov "Xorazmcha syuita"sida, M. Yusupov "Xorazm qo'shig'i" operasi va "Gulsanam" baletida, B. Gienko "Xorazm mavzulariga syuita"sida, S. Yudakov "Xorazmcha bayramona yurish"ida, M. Bafoyev "Xorazmcha kaprichchio"sida unumli foydalanishgan.

** 词语和词组

lazgi	拉孜格（花剌子模传统音乐和舞蹈）
muqaddima	引言，导言
bilak	手臂
tobora	越来越
keskin	紧张的；急剧的
hazilomuz	欢快的；开玩笑的
qayroq	磨刀石
dutor	（民族乐器）都塔尔
surnay	唢呐
yalla	欢快的舞曲
syuita	音乐流派
kaprichchio	音乐剧

1.2 Maqom

Maqom (arabcha joy, makon, o'rin) – sharqi musiqasida asosiy tushunchalardan biri. Dastlab muayyan balandlikdagi tovushni hosil etish uchun torli cholg'uning dastasida barmoq bilan bosiladigan joy, parda ma'nosida ishlatilgan. Keyinchalik Sharq musiqa nazariyasi rivojlanishi jarayonida maqomning mazmun doirasi tobora kengayib, bir-biriga nisbatan bog'liq boshqa ma'nolarni ham anglata boshladi: lad tuzilmasi, lad tizimi; muayyan pardalar zaminida vujudga kelgan kuy-ohanglar; shakl, janr; bir qismli yoki turkumli cholg'u va ashula yo'llari; musiqiy uslub va boshqalar. Maqomlarga oid nazariy va musiqiy estetik masalalar Abu Yusuf Yoqub ibn Ishoq al-Kindiy va Forobiy (9—10-a.), Ibn Sino va Ibn Zayla (11-a.), Safiuddin al-Urmaviy (13-a.), Mahmud ash Sheroziy va Abdulqodir Marog'iy (14-a.), Jomiy va Zaynulobiddin Husayniy (15-a.), Najmiddin Kavkabiy Buxoriy (16-a.), Darvishali Changiy (17-a.) va b. olimlarning musiqiy risolalarida tadqiq etilgan.

Yaqin va O'rta Sharq mumtoz musiqa nazariyasida XIII asrga qadar maqomlar soni aniq belgilanmagan. Safiuddin al-Urmaviy maqom nomlaridagi parda tuzilmalarini ilmiy tasniflab, o'n ikki maqom tizimini ishlab chiqqan. Ushbu tizim birmuncha takomillashtirilgan holda qariyb XVII asrga qadar qo'llanib kelingan. O'n ikki maqom negizida keyinchalik har xil milliy hamda mintaqaviy maqom turlari va turkumlari vujudga keldi. Bular o'zbek va tojiklarda maqom deyilsa, turkman va uyg'urlarda muqom, eron xalqlari, ozarbayjon va armanlarda murom yoki dastgoh, turklarda makam, arab xalqlarida maqam shaklida talaffuz qilinadi. Xalqchil, milliy mahalliy an'analar ta'siri ostida maqomlarning musiqiy va ijroviy xususiyatlari yangi xislatlar bilan boyigan holda umumiy soni, nomlanishi, tartibi hamda tuzilishida muayyan mushtaraklik va tafovutlar mavjud.

Hozirgi kunda maqomlar o'z salmog'i va mazmuni bilan sharq xalqlari musiqa merosining asosiy qismini tashkil etadi. Ular shaklan va usluban rang-barang ohangdor kuy va ashula yo'llaridan iborat. Xususan, o'zbek mumtoz musiqasida Buxoro Shashmaqomi, Xorazm maqomlari, Farg'ona — Toshkent maqom yo'llari, shuningdek yovvoyi maqom, surnay, dutor maqom yo'llari yuzaga kelgan.

Milliy musiqa merosining salmoqli qismini tashkil etgan maqom nomidagi cholg'u va aytim musiqa asarlari o'tmish bastakorlik ijodiyotining mumtoz mahsuli bo'lib, asrlar davomida og'zaki an'anada sayqal topib bizgacha yetib kelgan.

XX asr boshlaridan shu kunga qadar o'zbek bastakorlari va kompozitorlari maqomlardan unumli foydalanib kelmoqdalar. Maqom negizi va uslubida bastalangan Hoji Abdulaziz, Sodirxon hofiz, Yu. Rajabiy, F. Sodiqov, K.Jabborov, S. Kalonov, O. Hotamov, F.Mamadaliyev va boshqalarning kuy va ashulalari, V. Uspenskiyning "Farhod va Shirin" musiqali dramasi, R.Glier va T.Sodiqovlarning "Layli va Majnun", M.Ashrafiyning "Dilorom" operalari, M.Burhonovning "Alisher Navoiyga qasida"si, M.Mahmudovning "Navo", M.Tojiyevning 3,9 va 11-simfoniyalari, shuningdek poema, syuita, oratoriya, kantata, xor kabi janrlarni ijodiy o'zlashtirishda o'zbek maqomi qonuniyatlari hamda o'ziga xos ifoda vositalari muhim omil bo'lib xizmat qildi. Ko'hna maqom san'ati o'zining barkamol badiiy-estetik ahamiyatini tiklab, zamonaviy musiqiy jarayonning ajralmas tarkibiy qismi sifatida o'zining beqiyos ijodiy, ijroviy va ilmiy salohiyatini namoyon etmoqda.

Xususan, maqom ijrochilarining respublika tanlovlari 1983-yildan e'tiboran har 4 yilda muntazam o'tkazib kelinmoqda. Maqom masalalariga bag'ishlangan ko'plab ilmiy-ijodiy konferensiyalar ("Rajabiyxonlik" 1993, 1996, 1999), seminarlar, xalqaro musiqashunoslik simpoziumlari (Samarqand 1978, 1983,1987, 2001; Berlin 1988, Finlyandiya 1996, Istanbul 1999) o'tkazilmoqda.

Maqomlarning ilmiy-nazariy hamda amaliy asoslari mamlakatning boshlang'ich, o'rta maxsus, oliy musiqa va san'at ta'limi muassasalarida o'qitilib, malakali mutaxassislar tayyorlanmoqda. 1987-yildan YUNESKO huzuridagi An'anaviy musiqa bo'yicha xalqaro uyushma (IFMC) qoshidagi "Maqam" ilmiy guruhi faoliyat ko'rsatmoqda.

** 词语和词组

cholg'u	乐器
parda	音调
lad	调子，调式
tizim	系统；制度
tasniflamoq	分类
xalqchil	人民的，民间的
mushtaraklik	<书>协同，共同
tafovut	差异，区别
shashmaqom	莎什木卡姆
ohangdor	悦耳的，好听的
yovvoyi	野生的
aytim	阿依滕（乌民间音乐流派）
bastakorlik	作曲
mahsul	结果；产物

oratoriya	清唱剧
kantata	颂歌
xor	合唱
simpozium	学术座谈会

** 说一说

Savollarga javob bering.

(1) Lazgi qanday tarkibiy qismlardan iborat?

(2) Mashhur lazgi ashulalarini sanab bering?

(3) Lazgi raqsining qanday turlari mavjud?

(4) Lazgi raqsini tausiflab bering?

(5) O'zbek maqomlarining qanday yo'nalishlari mavjud?

(6) O'n ikki maqom tizimini kim ishlab chiqqan?

(7) Maqom ilmini o'rgangan olimlarni sanab bering?

(8) Lazgi va maqomga o'xshagan qanday Xitoy milliy musiqa asarlarini bilasiz?

2. Milliy sport turlari

2.1 Kurash

Kurash – sport turi, belgilangan qoidaga muvofiq ikki sportchining yakkama-yakka olishuvi. Kurashish san'ati ko'p xalqlarda qadim zamonlardan buyon ma'lum. Kurash, ayniqsa, Yunonistonda keng tarqalib, qadimgi olimpiada musobaqalaridan doimiy o'rin olib kelgan. Milliy kurashning xilma-xil ko'rinishlari Gretsiya, Italiya, Yaponiya, Turkiya, Eron, Afg'oniston, Rossiya, O'zbekiston, Gruziya, Armaniston, Ozarbayjon, Qozog'iston va boshqa mamlakatlarda mavjud. Zamonaviy sport kurashining asosiy qoidalari XVIII asr oxiri – XIX asr boshlarida Yevropaning bir necha mamlakatlarida ishlab chiqildi. 1912-yilda Xalqaro havaskorlar kurash federatsiyasi (FILA) tuzildi (hozir unga 144 mamlakat, xususan, O'zbekiston 1993-yildan a'zo).

Xalqaro maydonda sport kurashining yunon-rum kurashi, erkin kurash, dzyudo, sambo va boshqa turlari keng tarqalgan. Keyingi yillarda o'zbek kurashi ham alohida kurash turi sifatida dunyo miqyosida tan olina boshlandi. Kurash insonni kuchli, epchil, chidamli va irodali qilib tarbiyalash vositalaridan biri hisoblanadi. Shifokorlar nazorati ostida 12 yoshdan kurash bilan shug'ullanishga ruxsat etiladi. Kurash azaldan o'zbek turmush tarzining uzviy qismi bo'lganligini arxeologik topilmalar, tarixiy qo'lyozmalar tasdiqlaydi. Qadimgi Baqtriya hududidan topilgan jez davriga oid silindrsimon sopol idishda ikki polvon va ulardan biri ikkinchisini chalayotgani tasvirlangan. Shu davrga mansub boshqa arxeologik topilmada esa polvonlarning kurash usullarini namoyish qilayotgani aks ettirilgan. Bu noyob topilmalar miloddan 1,5 ming yil ilgari ham kurash ajdodlarimiz turmush tarzining bir qismi bo'lganidan dalolat beradi. Yunon yozuvchisi Klavdiy Elian (2-3-a.) va boshqa tarixiy shaxslarning yozishicha, shu hududda umr kechirgan sak qabilasi qizlari o'zlariga kuyovni yigitlar bilan kurashib tanlaganlar. Keyinchalik qizlar kuyovni shart qo'yish yo'li bilan aniqlashgan va bu shartda kurash musobaqasi bo'lgan.

Bunga o'zbek xalq qahramonlik dostoni – "Alpomish"dagi Barchin shartlarini misol qilib ko'rsatish mumkin. Ibn Sino "Tib qonunlari" asarida yozgan: "kurashning turlari ham bir xil. Ikki kurashuvchining biri o'z raqibining belbog'idan ushlab o'ziga tortadi, shu bilan birga o'z raqibidan qutulishning chorasini qiladi...". Bu ta'rif zamonaviy kurash qoidalariga yaqindir. Shuningdek, Mahmud Koshg'ariyning "Devonu lug'otit turk", Alisher Navoiyning "Xamsa", "Holoti Pahlavon Muhammad", Zayniddin Vosifiyning "Badoe' ul-vaqoe'", Husayn Voiz Koshifiyning "Futuvvatnomai sultoniy", Zahiriddin Muhammad Boburning "Boburnoma" asarida kurash haqida qimmatli ma'lumotlar bor.

IX-XVI asrlarda kurash xalq o'rtasida keng ommalashgan. Shu davrda Pahlavon Mahmud, Sodiq polvon kabilar kurash dovrug'ini oshirishgan.

O'zbek xalq yakka kurashining belbog'li kurash deb nomlangan turi ham bor. Unga ham taalluqli ko'plab arxeologik topilmalar va tarixiy qo'lyozmalar mavjud. Bundan 5 ming yil ilgari davrga mansub qadimiy Mesopotamiya hududidan topilgan haykalchada belbog'li kurash usulida musobaqalashayotgan polvonlar tasvirlangan. Xitoyning qadimiy "Tangshu" qo'lyozmasida Farg'ova vodiysida to'ylar, sayllar kurash musobaqalarisiz o'tmasligi yozilgan. Ahmad Polvon, Xo'ja polvon va shu kabi kurashchilar kurashning ana shu turida shuhrat qozonishgan (XIX asr oxiri-XX asr boshi).

Chorizm istilosi va sho'rolar davrida o'zbek milliy kurashini xalq turmush tarzidan sun'iy ravishda siqib chiqarishga harakat qilindi. XX asrning 90-yillari oxiriga kelib bu urinishlarga barham berildi. 1991-yilda kurashchilar sulolasi vakili, bir necha kurash turlari bo'yicha xalqaro miqyosda sport ustasi Komil Yusupov o'zbekcha kurashning xalqaro andozalarga moslangan quyidagi qoidalarini ishlab chiqdi: kurashga tushuvchilar 14 x 14 m dan 16x 16 m gacha bo'lgan, chetroq qismi qizil rangli "xavfli chiziq" bilan belgilangan ko'k-yashil tusli kurash gilamida tik turgan holatda bellashadilar.

G'olib ishlatilgan usullar va maydondagi xatti-harakatlariga qo'yiladigan baholarga qarab aniqlanadi. Kurashda bo'g'ish, raqibga og'riq beruvchi usullar qo'llashga ruxsat etilmaydi, kurashuvchilarning biri ko'k, ikkinchisi yashil rangli yaktak (ayollar yaktak ichidan oq rangli futbolka) kiyadi, belga eni 4-5 sm li tasma (belbog') bog'lanadi, erkaklar 60, 66, 73, 81, 90, 100 kg va 100 kg dan ziyod, ayollar 48, 52, 57, 63, 70, 78, va 78 kg dan ziyod vazn toifalarida kurashadilar (bolalar, o'smirlar, o'spirinlar, yoshi ulug'lar va qizlar musobaqalarida ham yosh xususiyatlari hisobga olingan holda vazn toifalari belgilanadi). Xalqaro kurash assosiatsiyasi (IKA)ning 2003-yil Toshkentda o'tgan kongressi har bir uchrashuvning qizg'in bo'lishini ta'minlash maqsadida rasmiy musobaqalarda bellashuv vaqtini 3 minut qilib belgiladi.

Ishlatilgan usullarga bajarilishiga mos ravishda "chala", "yonbosh", "halol (直接获胜)" baholari, qoidaga zid harakatlarga esa "tanbeh", "dakki", "g'irrom (最后警告)" jazolari beriladi. Kurashuvchi "halol" bahosini olsa (yoki raqibi "g'irrom" bilan jazolansa) bu uning g'alabasini bildiradi. Ikki bor "yonbosh" bahosini olish (yoki raqibining ikki bor "dakki" deya jazolanishi) ham g'alabani anglatadi.

"Chala" baholari hisobga olib boriladi va h. k. Baholar tengligida oxirgi baho olgan kurashchiga g'alaba beriladi, kurashchilarning baho va jazolari soni teng holatda baho ustunlikka ega bo'ladi, jazolar soni teng bo'lsa, oxirgi jazo olgan mag'lub hisoblanadi, agar barchasi teng (yoki baho va jazo olinmagan) bo'lsa, g'olib hakamlarning ko'pchilik ovoziga ko'ra e'lon qilinadi.

1992-yilda O'zbekistonda kurash federatsiyasi, 2001-yilda O'zbekistonda belbog'li kurash federatsiyasi tuzildi. 1998-yil sentabrda Toshkentda 28 davlat (AQSh, Boliviya, Buyuk Britaniya, Gollandiya, Rossiya, O'zbekiston, Yaponiya va h.k.) vakillari Xalqaro kurash assotsiatsiyasi (IKA) muassislari bo'lishdi va shu munosabat bilan bu yerda o'zbekcha kurash bo'yicha yirik xalqaro musobaqa o'tkazildi. O'zbekiston Respublikasi Prezidentining "Xalqaro kurash assosiatsiyasini qo'llab-quvvatlash to'g'risida"gi farmoni (1999-yil 1-fevral) o'zbek milliy kurashining yanada rivojlanishiga turtki bo'ldi. O'sha yili Toshkentda o'zbekcha kurash bo'yicha birinchi jahon chempionati, Rossiyaning Bryansk shahrida ayollar o'rtasida xalqaro musobaqa bo'lib o'tdi. IKA qoshida Xalqaro kurash akademiyasi, Butun jahon kurashni rivojlantirish jamg'armasi tuzildi, assosiatsiya muassisligida "Kurash" jurnali ta'sis qilindi. Adabiy-badiiy, ijtimoiy-publisistik, axborot-reklama yo'nalishidagi bu jurnal Toshkentda 1999-yil oktabr oyidan buyon nashr etiladi.

2000-yilda O'zbekistonda kurash oyligi o'tkazildi. Bu oylik davomida 2 mln.ga yaqin kishi kurash gilamiga chiqdi. Buyuk Britaniyada IKA faxriy prezidenti Islom Karimov nomidagi an'anaviy xalqaro musobaqaga asos solindi. 2001-yildan Xalqaro kurash instituti (Toshkentda) faoliyat ko'rsata boshladi. IKA ga 66 ta milliy federatsiya a'zo bo'lib kirdi (2003). Yevropa, Osiyo, Panamerika va Okeaniya kurash konfederatsiyalari tuzildi. Hozirgi paytda o'zbekcha kurash bilan xorijiy mamlakatlarda 600 mingdan ziyod kishi shug'ullanadi.

Kurashning bu turi bo'yicha jahon, qit'a va mamlakatlar chempionatlari hamda birinchiliklari, O'zbekistonda at-Termiziy, Pahlavon Mahmud xotirasiga bag'ishlangan va boshqa ko'plab xalqaro musobaqalar muntazam o'tkaziladi. Hozirgi vaqtda O'zbekistonda 22 ta olimpiada o'rinbosarlari maktabi, 37 ta bolalar-o'smirlar sport maktabi va 206 ta kurash maktabida sportning bu turi bo'yicha o'quvchilarga tahsil beriladi. Oliy o'quv yurtlarida 100 dan ortiq kurash to'garaklari faoliyat ko'rsatadi. Kurashchilar bilan 851 nafar murabbiy shug'ullanadi (2003).

Osiyo olimpiya kengashi 2003-yilda kurashning bu turini Osiyo oʻyinlari dasturiga kiritdi. Kurash boʻyicha oʻtkaziladigan jahon chempionatlarida Bahrom Anazov, Isoq Axmedov, Maxtumquli Mahmudov, Kamol Murodov, Toshtemir Muhammadiyev, Akobir Qurbonov (Oʻzbekiston), Kubashxonim Elknur, Selim Totar oʻgʻli (Turkiya), Aleksandr Katsuragi, Karlos Xonorato (Braziliya), Pavel Melananets (Polsha), Xiroyoshi Kashimoto (Yaponiya) va boshqalar gʻolib chiqdilar va sovrindor boʻldilar.

** 词语和词组

yakkama–yakka	一对一
xalqaro havaskorlar kurash federatsiyasi	国际业余摔跤联合会
dzyudo	柔道
sambo	桑博式摔跤
epchil	敏捷，灵巧
chidamli	有耐力的
silindrsimon	圆柱型，筒状
sak qabilasi	塞族部落
raqib	对手
dovruq	名声
haykal	雕像
shuhrat qozonmoq	赢得荣誉
chorizm	君主专制，沙皇制度
shoʻro	<旧>苏联
andoza	准则；办法
boʻgʻmoq	绞，掐

yaktak	长款开胸男衫
en	宽度
toifa	等级；类
xalqaro kurash assosiatsiyasi	世界摔跤联合会
hakam	裁判员
muassislik	创办
ta'sis qilmoq	创立，建立
to'garak	圆圈；课外辅导班
sovrindor	获奖者

2.2 Uloq

Uloq (ko'pkari) — Markaziy Osiyo xalqlarining qadimiy ommaviy, milliy o'yinlaridan biri. Asosan, g'alaba va hosil bayramlari, to'y va sayillar munosabati bilan o'tkazilgan. Hukmdor va har xil amaldorlardan tashqari o'ziga to'q odamlar, hatto oddiy aholi ham uloq o'yinlarini tashkil etgan. Ko'proq xatna (chipron) to'ylarida rasm bo'lgan. Uloq qo'ng'irot, qurama, ming, mang'it, oyrat, yoyilma, kenegas, qipchoq, barlos kabi urug'lar xalqlari orasida ommalashgan. Uloq tomoshalari oldidan maxsus jarchilar qishloq, ovullarga yuborilib, odamlar gavjum joylarda, bozorlarda uloq kim tomonidan, qayerda, qachon va nima maqsadda o'tkazilayotganligini hamda qo'yiladigan sovrinlarni e'lon qilgan. Turli joyda har xil qoida bo'yicha (chortoq, sudratma, marra, poyga, pakka, minbar va boshqa nomlar bilan atalgan) uloq o'yini uyushtirilgan. Uloq ko'ngilochar tomosha yoki shunchaki o'yin bo'lmasdan o'g'il bolalar, yigitlarni mard, jasur, epchil, dovyurak qilib tarbiyalash vazifasini bajargan. Uloq o'yinlari ot naslini yaxshilashga, chidamli, tez harakat qiladigan zotlarini ko'paytirishga yordam qilgan.

Qorabayir, arabi, axaltekin, qurama, laqay, kustanay, qorabog' va hozirgi Orlov ot zotlari uloqchi otlar hisoblanadi. Uloq xalq o'yini, asosan, 2 qismdan – solim va poytadan iborat. Chortoq ustidagi hakamlar uloq[Uloq: so'yilib ichki a'zolari, bosh va oyoqlari kesib olingan echki yoki buzoq.]ni to'daga tashlaydi. To'dadagi chavandozlar uloqni olib, tortishib, eng kuchlisi uloqni marraga yetkazib berishi lozim. Kim uloqni marraga yolg'iz o'zi halol olib kelsa, unga avvaldan belgilangan mukofot taqdim etiladi. Katta to'ylarda mukofotga pul, mato, kiyim, gilam, qo'chqor va boshqalar qo'yiladi. Poyga, u 2 turdan iborat: otda chavandozning poygasi va uloq bilan chopish poygasi. U bilan poygada belgilangan joydagi uloqni olish uchun hakamlar ruxsat bergandan keyin chavandoz ot choptirib borib uloqni yerdan ko'tarib olishi va marraga yetkazishi kerak. Keyingi yillarda uloq o'yinlari sport turiga kiritildi va O'zbekistonda respublika miqyosida rasmiy musobaqalar, xalqaro turnirlar o'tkazila boshlandi (Ot sporti). 1998-yil Samarqand viloyatining Chelak tumanida, 1999-yilda "Alpomish" dostonining 1000 yilligiga bag'ishlanib Navoiy viloyatining Xatirchi tumanida respublika musobaqalari tashkil qilindi. Birinchi xalqaro musobaqa Navoiy viloyatidagi Islomobod jamoa xo'jaligida bo'lib o'tdi (1999-yil 27-29-noyabr), unda Qozog'iston, Qirg'iziston, Tojikiston, Ozarbayjon, Turkmaniston va O'zbekiston terma jamoalari bilan birga Navoiy, Samarqand viloyati vakillari alohida jamoa sifatida ishtirok etdi.

Uloqning sport turi sifatida xalqaro miqyosida 38 mamlakatda (2004 y.) tan olinishida O'zbekiston ot sporti va uloq federatsiyasi tomonidan uloq musobaqalarining umumiy qoidalari ishlab chiqilishi va Xalqaro "kok boru" (ko'pkari) federatsiyasining ta'sis etilishi (2001-yil 7-11-noyabr, Bishkek)ning ahamiyati katta bo'ldi.

O'zbekistonda alohida Uloq ko'pkari federatsiyasi tuzildi (2002-yil, 29-aprel). Federatsiya tuman, viloyat, respublika musobaqalarini uyushtiradi.

词语和词组

qo'ng'irot	弘吉剌（部落名）
qurama	忽剌麻（部落名）
ming	明格或明安（部落名）
mang'it	忙古惕或曼吉特（部落名）
oyrat	斡亦剌惕（部落名）
yoyilma	尤亦勒麻（部落名）
kenegas	乞捏加思（部落名）
qipchoq	钦察（部落名）
barlos	巴鲁剌思（部落名）
jarchi	＜古＞宣布人
ovul	山村
nasl	品种
axaltekin	阿哈尔捷金马
solim	（为叼羊获胜者）颁奖
to'da	群，堆
chavandoz	（叼羊）参赛者
turnir	锦标赛
terma	混合的；精选的

说一说

Savollarga javob bering.

(1) O'zbek kurashi tarixi haqida qaysi olimlar yozishgan?

(2) O'zbek kurashi bo'yicha qachondan boshlab xalqaro musobaqalar o'tkazila boshlandi?

(3) O'zbek kurashining qanday vazn toifalarini bilasiz?

(4) O'zbek kurashida ishlatiladigan qoidalarni sanab bering.

(5) O'zbek kurashi bo'yicha mashhur jahon chempionlarini sanab bering.

(6) Uloq va ko'pkari deganda nimani tushunasiz?

(7) Qanday ot turlari bilan uloq chopish mumkin?

(8) Qaysi xalqlar orasida uloq mashhur hisoblanadi?

(9) Uloq o'zida qanday tarixiy va madaniy o'ziga xosliklarni mujassam etadi?

(10) Uloq qachondan boshlab sport turi sifatida rivojlana boshladi?

(11) Qaysi bayram yoki marosimlar sharofati bilan uloq tashkillashtirilgan?

(12) Uloq turlarini sanab bering.

参考文献
Foydalanilgan manbalar

Abdurahimov T. O'zbek xalq o'yinlari va tomoshalari. –Toshkent, 1997.

Bo'riyev O., Xoliqov D. Turkona an'ana va udumlar – millat ko'rki. – Toshkent, 1998.

Davlatova S. O'zbek milliy kiyimlari: an'anaviylik va zamonaviylik.– Toshkent, "Yangi asr avlodi", 2006.

Jo'rayev M. Ipak yo'li afsonalari. – Toshkent, "Fan", 1993.

Mahmudov Q. O'zbek tansiq taomlari. – Toshkent, 1989.

Mahmudov K., Yusupov K. Kurash. –Toshkent, 1999.

Samibekov R. Chavandozning belbog'i. – Toshkent, 1998.

Qoraboyev U. O'zbek xalq bayramlari. –Toshkent, 2002.

Qoraboyev U., Soatov G'. O'zbekiston madaniyati. –Toshkent, "Tafakkur bo'stoni". –2011.

Yo'ldoshev S., Jo'rayev N. Uloq – shijoatli va jasur suvoriylar o'yini. – Farg'ona, 2002.

O'zbekiston Milliy Ensiklopediyasi. – Toshkent, "O'zbekiston Milliy ensiklopediyasi Davlat ilmiy nashriyoti", 2000–2005.

词汇表
So'zlar jadvali

A

abonent	用户
abrbandi usuli	扎染技术
adib	作家
adolat	正义，公平
tadqiqotchi	研究员
afsonaviy	说的
Ahamoniylar davri	阿契美尼德王朝时期（也称波期第一帝国时期）
ahil–inoq	友好和睦
ahl	人
ajdod	祖辈
aks holda	相反
aksar	多数
aksariyat	多数

alanga	火焰
alloma	学者
andaza	模型；样儿
andoza	准则；办法
antik	古希腊、罗马的
ariq	沟渠
arpa	大麦
arqon	绳子
arqoq ipi	纬纱（丝）
artel	组合
aruz vazni	阿鲁兹格律
arxeologik	建筑学
asbob	工具，器具
askiya	即兴小品
aslo	并不；绝不
asorat	（不好的）影响
aspirantura	副博士
atala	白粥
atlas	艾德莱丝绸
auditoriya	听众
axaltekin	阿哈尔捷金马
axborotnoma	通报，学报
axta	阉
aybdor	有罪的
ayiq	熊
aytim	阿依滕（乌民间音乐流派）

azaldan	自古以来
azaliy	历来的
azob	痛苦
azon	唤礼
a'yon	<旧>官员；高阶层的人

B

bab-baravar	完全一样
badiiy	艺术的，文艺的
baholamoq	评价，评分
bahramand	享受
bahs	争论
bakalavriat	本科
baraban	滚筒，感光滚
bardosh bermoq	忍耐
barkamol	完全成熟，充分发展
barlos	巴鲁剌思（部落名）
barmoq	指头
barpo etmoq	建立
bastakorlik	作曲
batamom	完全，彻底
batartib	井然有序
baxmal	丝绒，天鹅绒
bayt	两行（诗）
bazm	盛宴

bazm–tomosha	娱乐性聚会
bagʻishlamoq	献
bedana	鹌鹑
behi	木梨
behuda	无益的，徒劳的
belbogʻ	腰带
benihoya	无尽的
beqaror	善变的
beqiyos	无可比拟的
bexosiyat	不吉利的
bezak	装潢
beshik	摇篮
beshik toʻyi	摇篮礼
bilak	手臂
binobarin	＜书＞由于
bir tekis	均匀的
bir yoqlama	单面的，侧面的
(...ga) borib taqalmoq	可追溯至……
boqiy	永恒的
bosmaxona	印刷厂
botanika bogʻi	植物园
boshlangʻich	开始的，基础的
bulleten	公报，简报
bunyod etmoq	创建
bunyodkorlik	创造，建立
burch	义务，职责

burilish	拐弯；转变
buzoq	牛犊
bo'lak	部分；块
bo'rtma	凸出的，浮雕的
bo'y ko'rsatmoq	显眼，显著
bo'yin tovlamoq	逃避
bo'ysunmoq	归……管辖，隶属于
bo'zchi	织布工
bo'g'moq	绞，掐

D

dafn etmoq	埋葬，安葬
daha	街区
damtovoq	盖锅盘
damcho'p	筷子（烹制抓饭专用，用于在米上插出孔洞的30-50厘米长木棒）
darak	消息，信息
dargoh	宫殿；处所
darparda	窗幔，门帘
dastak	手柄，摇臂
dastgoh	机床
dastur	大纲；方案；项目
dasturulamal	指令
davqur	（盖在马身上的）马衣
davra	小圆圈

davriy	周期，定期
da'vat	呼唤，号召
da'vogar	原告
dehqonchilik	农业
deputat	议员
devon	抒情诗集
diametr	直径
did	品味
dimlamoq	焖，炖
diyor	祖国，家乡
doira	范围
doka	纱布
doktorantura	博士研究生
dolzarb	前沿的
donishmand	智者
dotsent	副教授
dovruq	名声
dovyuraklik	大无畏精神
doya	产婆
dramaturgiya	戏剧艺术
durdona	珍珠，珍宝
dutor	（民族乐器）都塔尔
dvigatel	发动机
dzyudo	柔道
do'zax	地狱

E

efirga bermoq	播送
egarchi	马鞍师
egik yoy	弯弓
egizak	双胞胎
ehson	恩赐；捐赠
ehtirom	敬意
ehtiyoj	需求
ehtiyotkorlik	小心，谨慎
ekran	屏幕
elchi	使者
element	元素
en	宽度
ensiklopediya	百科
eplamoq	做好，胜任
epos	史诗；叙事诗
epchil	敏捷，灵巧
ergashmoq	跟随
erkalamoq	撒娇；宠爱
estetik	美学的
etik1	（合乎）道德的，伦理的
etik2	靴子
etnik	民族，族群
etnograf	民族学家
evrilmoq	（为达成目的而）努力

e'tiqod	信仰
e'zozlamoq	尊重，珍视

F

falokat	灾祸，不幸
falsafa	哲学
fard	单一（诗）
farmon	命令
farmoyish	＜书＞号令，命令
farog'at	安宁
faryod	嚎啕痛哭
faxriy	荣誉的
fazilat	品质
fiqh	神学
fojiali	悲惨的
foye	休息室
fozilu–ulamo	学者

G

ganchkorlik	石膏雕刻手艺
garderob	衣帽寄存处
gavdalantirmoq	描绘
general-mayor	少将
gil	黏土

gipoteza	假说
girih	（应用于建筑和工艺上的）复杂图案
globallashuv	全球化
granit	花岗石
gubernator	州长
gumbaz	穹顶
gurkiramoq	欣欣向荣
guzar	小集市
gvardiya	近卫军
go'dak	婴儿，幼儿

H

hakam	裁判员
hal qilmoq	解决
halim	哈里姆粥（特制的小麦肉糜粥）
halokat	事故；覆灭
hamal burji	白羊座
hamon	立刻，尽快
hamrohlik qilmoq	陪伴
hangoma	愉悦的交谈；意外事件
hanuz	至今
har tomonlama	全面
harb	<旧>战争
harbiy	军事的
harir	细纱

hasadgo'y	好嫉妒的人
hasrat	忧愁，悲伤
hassos	敏锐的
hatlamoq	跳过
hayajonli	令人激动的，紧张的
haykal	雕像
hayotbaxsh	赋予生命；苏醒
hay'at	全体人员，委员
hazilomuz	欢快的；开玩笑的
hashamdor	华丽
hashar	帮助
hijriy taqvim	回历
hijron	异地居住
hikmat	名言警句，道理
hilol	新月
homilador	怀孕的
homiy	庇护者；赞助者
hosil qilmoq	形成，获得
hovuz	池塘
hoshiyalanmoq	镶边
hukmronlik	统治
hunarmandchilik	手工业
huzur	住所

I

ibodatxona	寺庙
ibtidoiy	原始的
iftixor	自豪，骄傲
ijodkor	创作者；写作者
ijtimoiy fanlar	社会学科，文科
ilashmoq	钩，挂
ilgari surmoq	提出
ilhom	灵感
illat	毛病，恶习
imtiyozli	经典的
infografika	信息图
injiq	任性，好挑剔的
inqiroz	衰退；危机
ins–jins	邪灵，恶魔
inson zoti	人类
insonparvarlik	人道主义；仁爱
integratsiyalashmoq	一体化，整体化
intellektual	智力的，理性的
interaktiv	交互的
irim	迷信
irq	种族
isiriq	骆驼蓬
iste'dodli	有才能的
istilo	占领，侵占

istiloh	<书>术语
istiqlol	独立
istiqomat qilmoq	居住
ivitmoq	浸泡
ixlos qoʻymoq	留恋
ixtisoslashmoq	专业化
ixtiyor	意愿
ixchamlashtirmoq	使合理化，使简化
iz qoldirmoq	留下印迹
izohlamoq	说明，解释
izzat-ikrom	崇高的敬意
izchil	一贯
ishton	裤子
ishchi-chevarlar birlashmasi	手艺工人联合会

J

jadallashtirmoq	加快，促进
jadallik	速度；急速
jaholat	无知，愚昧
jamlamoq	收集，召集
jamoatchilik	公众；民意
jamol	美
jamgʻarma	基金
janr	（文艺作品的）体裁
jaydari	本地的

jazolamoq	惩罚
jarchi	<古>宣布人
jez davri	青铜时代
jihozlamoq	装备；布置
jilo bermoq	闪光，放异彩
jips	紧紧的，严实的
jismoniy	身体的，肉体的
jonivor	生物
jonkuyar	热衷于……的
jonlanmoq	恢复；好转
joriy yil	今年
jozibador	有吸引力的
jul	粗绒布
jumladan	包括
jo'ra	朋友
jo'shqinlik	激情

K

kafedra	教研室
kafolatlamoq	保证，保障
kaft	手掌
kalandr	轧光机
kamalak	彩虹
kamol	成熟，完美，完善
kamon	弓

kamzul	短上衣
kandakorlik	金属压花和雕刻工艺
kantata	颂歌
kapgir	漏勺
kaprichchio	音乐剧
karashma	扭捏
karnay	卡尔奈（铜制长喇叭，吹奏乐器）
karniz	飞檐
karomat	神力
karvon	商队
karvonboshilik qilmoq	引领，带头
kasbkor	职业
kassa	收银台
kavush	套鞋
kayfiyat	情绪，心情
kashfiyot	发明，发现
kashtachilik	刺绣工艺
keksa	老的
kenegas	乞捏加思（部落名）
kesim	断面，剖面
keskin	紧张的；急剧的
kez	时候，时刻
kechinma	感受，体验
kimyo	化学
kindik	肚脐
kinoxronikal	新闻片

kolleksiya	系列，集合；藏品
kom	口儿
kommunal	市政的；公共的
Konstitutsiya kuni	宪法日
korporatsiya	集团；社团
kotib	秘书
kovlamoq	挖，翻
koshinkor	镶面工
kudung urilmoq	上浆
kufiy yozuvi	库法体
kulcha	小圆馕
kuloh	锥形筒帽
kulolchilik	陶器业
kurak	铲子
koʻkalamzorlashmoq	绿化
koʻnchilik	矿业
koʻnikma	技能
koʻrgazma–yarmarka	展会，展销会
koʻrpacha	褥子；床垫
koʻrpa–toʻshak	被褥
koʻzmunchoq	眼珠；辟邪的珠子
koʻzagar	陶罐手艺人
koʻchmanchi	游牧者

L

laboratoriya	实验室
lad	调子，调式
lahza	瞬间，刹那
laqab	绰号
latofat	迷人
laureat	获奖者
lavha	板，牌；画面
lazgi	拉孜格（花剌子模传统音乐和舞蹈）
libos	衣裳
lol bo'lmoq	说不出话，呆住
loy	泥土

M

madhiya	国歌
mafkura	意识形态
maftunkor	醉人的，娇媚的
magistratura	硕士研究生
mahal	次
mahobatli	雄伟的
mahsul	结果；产物
mahv etitmoq	被摧毁
majburiyat	义务，责任
majmua	集；综合体

majnuntol	柳树
maktub	书信
malak	天使
mamot	＜书＞死亡
man qilmoq	禁止
mang'it	忙古惕或曼吉特（部落名）
maorif	教育
maqbara	陵墓
maqom	（古典音乐）马卡姆
marmar	大理石
marom	进度；正轨
masal	寓言
masalliq	（做饭菜所需的）原材料
maskan	＜书＞地方
maslahatchi	顾问
masnaviy	两行诗
matbuot	报刊；传媒
mato	布
mavqe	地位
mayiz	葡萄干
mayolika	乌釉陶器
mazluma	被压迫的
mazmun-mohiyat	意义，本质
mashaqqatli	艰难的
ma'muriy	行政的
ma' muriy-hududiy bo'linish	行政区划

ma'naviy	精神的
ma'naviyat	精神
ma'raka	（为婚、丧等举办的）仪式、宴请
ma'shuqa	心爱的
metodik	教学法的
mezon	准则，标准
milliy domen	国家域名
misgarlik	铜匠工艺
misra	诗行
mitti	极微小的
ming	明格或明安（部落名）
moddiy	物质的
mohirona	技术精湛
moslashmoq	适应
Movarounnahr	河中地区
moviy	蔚蓝
movut	呢子
moy	油
mozor	墓地
muallif	作者
muammo	谜语诗歌
muarrix	史学家
muassislik	创办
muayyan	一定的，固定的
mudir	主任
muhlat	期限

muhrlamoq	盖章
mujassamlashmoq	体现
mujassamot	体现
mukammal	完善的，完美的
mukofot	奖励，奖赏
mulla-eshon	神职人员
mumtoz	经典的，优秀的
munajjim	占星家
mundarija	目录
muntazam	有规律的，定期的
muqaddima	引言，导言
muqarrar	必然的
murakkablik	复杂性
murojaat etmoq	提出，询问
musaddas	六行诗
musahhih	校对员
mustahkamlamoq	加固；加强
Mustaqillik kuni	独立日
mutafakkir	思想家
mutarjim	翻译者
mutaxassis	专家
mutolaa	阅读
muvofiq	与……相适的；依照
muxammas	五行诗
muxbir	记者
mushohada	<书>审查，监督

mushoira	即兴诗
mushtaraklik	<书>协同，共同
mo'ralamoq	窥视
mo'tabar	受尊敬的

N

nafis	雅致，精美
nafosat	<书>精细
nafs	欲望
najot	拯救；帮助
najotkor	救星
namoyish etmoq	演示；放映
namuna	典范，榜样
naql	俗话
naqshinkor	有花纹的
nasl	品种
nasr	散文
nav	等级，品种
nazm	诗歌
nazorat o'rnatmoq	监视；管制
nashr etmoq	出版，印刷
negiz	基础
nechog'lik	多么
ne'mat	恩赐
nikoh to'yi	婚礼

nimcha	坎肩，背心儿
nish urmoq	发芽
nobud	身亡
nodir	珍贵；优秀
nola	呻吟
nomlamoq	命名，称为
nomzod	候选人；副博士
nosozlik	不和谐
novvoylik	烤面包手艺，烤馕手艺
noyob	稀有的
nozik	娇小的；精致的
nogʻora	定音鼓
nufuzli	有威信的
nuqson	缺陷

O

obodonlashtirmoq	促进繁荣
obraz	形象
ohangdor	悦耳的，好听的
oliy majlis	最高议会
oliy oqsoqollar kengashi	高等族长会议
olqishlamoq	鼓掌；赞扬
omil	因素
oq fotiha	祝福
oqibat	后果，结果

oqila	<书>聪慧
oqsoqol	族长，（德高望重的）长者
oratoriya	清唱剧
organ	机构，组织
ortiqcha	多余的
osoyishtalik	安宁
otchopar	赛马
ovul	山村
oyrat	斡亦剌惕（部落名）
ozod bo'lmoq	解放
og'zaki	口头的

P

padarkush	弑父者
pahlaviy	中古波斯语的
paleolit	旧石器时代
palla	秤盘；阶段
pand bermoq	欺骗
panjara	栅栏
parda	幕布，窗帘
parda	音调
parvoz	飞翔
patriarxat	族长制；父权制
peshona	额头
peshtoq	正门入口

pinak	瞌睡
pichirlamoq	低声说
pichoqchilik	制刀工艺
platforma	平台
plita	（长方形）石板
poetik	诗的，诗学的
pok	纯净的
porloq	辉煌的
portal	门户
posyolka	市镇
poydevor	基础
poyustun	柱基
pog'ona	阶梯，阶段
projektor	探照灯
publitsistik	政论的

Q

qabr	墓
qadriyat	价值观
qalam tebratmoq	写作
qalamkash	作家，诗人
qalamoq	生炉子
qandil	吊灯
qandolatchilik	制糖业
qanot	翅膀，翼

qaram boʻlimoq	依赖
qasida	颂诗
qatagʻon	<旧>禁止，禁令
qaynamoq	沸腾
qayroq	磨刀石
qayroqi bugʻdoy	硬粒小麦
qayta tiklamoq	重建
qaygʻu	忧伤
qaygʻurmoq	忧虑
qazi	马肠子
qazishma	（考古）挖掘
qibla	朝向
qipchoq	钦察（部落名）
qirqim	开衩的
qirra	边，棱
qissa	小说，中篇小说
qitʼa	州
qiyiqcha	束腰巾
qiyma	肉馅
qiymalamoq	切碎，剁碎
qiyofa	面貌
qiyqiriq	高呼声，喧闹声
qizdirmoq	加热
qizgʻin	热烈的
qishloq fuqarolar yigʻinlari	村委会
qobiliyat	能力

qoldiq	残余；遗址
qomusiy	百科全书式的
qoqishtirmoq	拼凑，刮集
qorishiq	混合的
qorong'i	黑暗
qoshiqchilik	制勺工艺
quda	亲家
qudratli	强大的
qurama	忽剌麻（部落名）
qurol	工具
quroq qilmoq	拼接
qusur	瑕疵，毛病
qutlug'	快乐的，幸福的
quyi oqim	下游
quyon	兔子
quyuq	浓的；稠的
qo'lyozma	手稿
qo'mita	委员会
qo'msamoq	思念
qo'nimsiz	居无定所
qo'ng'irot	弘吉剌（部落名）
qo'riqxona	保护区
qo'rqmoq	害怕
qo'rg'on	要塞
qo'g'irchoq	洋娃娃

R

radif	格律
radiotelefot	无线电话
rafiqa	妻子，爱人
rahnamolik	＜书＞统率，领导
rais	主席
ramz	象征
raqib	对手
raqobatlashmoq	竞争
rasadxona	天文台
ravnaq topmoq	发展，繁荣
ravonlik	流畅
ravoqli	拱形的
rag'batlantirmoq	激励
rejissyor	导演
reklama	广告
rishta	纽带
Rishton	里什顿（城）
risola	书信体文艺作品
rivoyat	传说
rohat	安逸，享受
rozilik	同意
ruboiy	柔巴依（四行诗）
ro'mol	头巾
ro'y bermoq	发生

ro'yxat	清单，名录

S

sadoqat	忠诚
safarbar etmoq	动员
sahifa	页
sahna	舞台
sak qabilasi	塞族部落
salbiy	反面的
salla	缠头巾
salmoq	重量；比重
salmoqli	庄重的
salobat	庄严
salohiyatli	有才能的
saltanat	统治；天下
sambo	桑博式摔跤
sanitariya	卫生
sanskrit	梵文
san'atkor	艺术家
saodat	幸福，福气
saqich	口香糖
sara	上等的，精选的
sarkarda	统帅
sarpo	（婚礼上的）新装
sarchashma	源头

sath	表面，平面
savodxonlik	会读写，有文化
saylamoq	选举，推选
sayqal	装潢，装饰
sayqallamoq	抛光；精选
seans	场
sehr	魔法，巫术
sermazmun	内容丰富的
silamoq	抚摸
silindrsimon	圆柱型，筒状
silliq	光滑的
sim	丝，线
simpozium	学术座谈会
singdirmoq	使融合
siniq parchalari	碎片
sirtqi ta'lim	函授教育
siylamoq	招待
sig'moq	容纳
sohib	所有者，主人
sohibqiron	天选之子
solim	（为叼羊获胜者）颁奖
soliq	税
sopol	粘土
soqov	哑巴
sovrindor	获奖者
sovchi	媒人

soya	影子
sog'aymoq	康复
spektakl	戏剧
ssenariy	剧本；脚本
stilobat	阶式台基
studiya	电影制片厂；工作室
sufiy	苏菲主义
suiqasd	谋害，阴谋
sulh	和约
sun'iy	人工，人造
suqmoq	插入
surnay	唢呐
susaymoq	减少，衰退
sug'd	粟特
syuita	音乐流派
so'ymoq	宰杀；切

T

taassurot qoldirmoq	留下印象
tadbir	活动
tafakkur	思考
tafovut	差异，区别
tafsilot	详情，细节
tahdid	威胁
tahlil etmoq	分析

takomillashmoq	完善，改进
talaffuz	发音
talpinmoq	力图，追求
talqin qilmoq	阐释，诠释
tamaddun	＜书＞文明
tanazzul	衰落；退化
tanda ipi	经纬（丝）
tangri	上帝，天
tanho	孤独的
tanqidiy	批评的，评论的
tansiq	美味的
taomil	惯例，习俗
taqachi	钉蹄师
taqdim qilmoq	献出；发布，推介
taqdir	命运
taqiqlamoq	禁止
taqqoslamoq	比较
taqvimiy	历法的
tarannum etilmoq	歌颂
tariqa	途径，方法
tariqat	精神修养之道
tarixnavislik	编年史
tarkibband	六行诗的一种形式
taroq	梳子
tarozi	秤
targ'ib qilmoq	宣传

tasniflamoq	分类
tasvir	描写，描绘
taxallus	笔名
taxmin qilmoq	推测
taxtga o'tirmoq	登基
tayanch	支撑
tayinlamoq	嘱咐；规定
tazkira	文选，诗选
tazyiq	压力
tashabbus	倡议；主动性
tashabbuskor	发起人，倡议者
ta'minlamoq	供应；保障
ta'mirlamoq	维修
ta'rif	描写；定义
ta'riflamoq	描述；评定
ta'sis qilmoq	创立，建立
ta'zim ila	鞠躬礼
teatr truppasi	剧团
tebratmoq	摇
teleefir	电视转播
telekommunikatsiya	通讯
telereportaj	电视报道，电视实况转播
temirchilik	铁匠工艺
tepkili	踏板
teran	深的
terma	混合的；精选的

teskari	反面
tengkunlik	昼夜等长
tibbiyot	医学
timsol	象征；化身
tirik	活的
tizim	系统；制度
tobora	越来越
toifa	等级；类
toj	冠
toki	以便；直至
tomir	根
toqa–jo'ra	单双（匹）
toraymoq	变窄
tovlanmoq	（色彩）闪变
toshbosma	石印
trakt	大道
tramvay	有轨电车；电车轨道
tuman	区
tuproq	土壤
turkum	种类
turmush o'rtog'i	配偶
turnir	锦标赛
tus olmoq	获得……（性质、特点等）
tutun	烟雾
tuya	骆驼
tuymoq	捣

tuyuq	图俞克（同形词诗歌形式）
tug'ruq	分娩
to'da	群，堆
to'garak	圆圈；课外辅导班
to'lov-shartnoma	付款合同，自费
to'quv stanoklari	织机
to'siq	障碍
to'g'ramoq	切碎

U

ufq	天际
ulashmoq	连接；联结
uloq	叼羊（乌兹别克等民族的一种马上竞技项目）
ulg'aymoq	长大
unashtirmoq	订婚
undamoq	号召，呼吁
unmoq	发芽
unsur	元素
unumli	富有成效的
upa-elik	化妆品
uqubat	痛苦
urug'	种子；家族
urg'u bermoq	强调
uskuna	设备

ustun	柱子，支柱
uya	巢
uysozlik	房屋建造业
uyushtirmoq	组织，举办
uzluksiz	连续的，不断的
uzviy	有机的；不可分割的
uchqun	火花

V

vafot etmoq	去世
valiahd	太子
vasiyat	遗言
Vatan himoyachilari kuni	祖国保卫者日
vazirlik	部
vaziyat	形势，局势
versiya	版本
vertikal	垂直线
vestibyul	前厅
videoxosting	视频分享网站
vijdon	良心，良知
viloyat	州
visol ilinji	相见之盼
vitraj	彩画玻璃
vodiy	山谷
voha	绿洲

voyaga yetkazmoq	抚养成人，使长大

X

xalos etilmoq	被拯救，解脱
xalqaro havaskorlar kurash federatsiyasi	国际业余摔跤联合会
xalqaro kurash assosiatsiyasi	世界摔跤联合会
xalqchil	人民的，民间的
xarsang	大石
xastalik	病，病害
xatarli	危险的
xatna to'yi	割礼
xayr-ehson tashkilotlari	慈善机构
xazina	宝库；宝物
xilvat	偏僻的
xirgoyi qilmoq	低吟
xirillamoq	发出呼哧声
xislat	品质，优点
xiyobon	林荫道
xom ashyo	原料
xomlik	未熟态
xonatlas	优质艾德莱丝绸
xonish	歌唱
xor	合唱
Xotira va qadrlash kuni	回忆与珍惜日
xotirot	回忆；回忆录

xulq-atvor	品性
xumdon	窑炉
xuruj	发作
xutba	婚礼上的祷词
xushxo'r	引起食欲的
xo'roz	公鸡

Y

yagona	唯一的；统一的
yakkama-yakka	一对一
yaktak	长款开胸男衫
yalla	欢快的舞曲
yalpiz	薄荷
yaproq	叶子
yaqqol	明显的
yaxlit	完整的
yashma	碧玉，碧石
yashnash	繁荣
yanga	嫂子
yegulik	食物
yelka	肩膀
yetakchi aktyor	主演
yetuk	成熟的；完善的
yiringlamoq	化脓
yodgorlik	纪念，纪念碑

yodnoma	悼念文
yong'in xavfsizligi	消防安全
yong'oq	核桃
yor–yor	（送新娘时唱的）歌曲
yostiq	枕头
yovuz	恶的
yovvoyi	野生的
yoxud	＜书＞亦或
yoyilma	尤亦勒麻（部落名）
yozuvchilar uyushmas	作家协会
yumaloq	圆的
YUNESKO (UNESCO)	联合国教科文组织
yunon	希腊
yupqa	薄的
yuridik	法律的
yurish–turish	行为
yo'ldosh	同志；胎盘
yo'naltirmoq	导向，引向

Z

zahar	毒药
zahoti	时刻
zamin	地球，土地
zarba	打击
zardo'zi kashta	金色刺绣

zardo'zlik	金织工艺
zargarlik	珠宝匠工艺
zarhallanmoq	镀金，染成金色
zarrin	镀金的
zavqli	兴高采烈的
zanglamoq	生锈
zeb bermoq	装饰，点缀
ziddiyat	矛盾
zirvak	兹尔瓦克（烹制抓饭时，将肉、胡萝卜、洋葱炒制后用水熬煮且未加入米时的形态）
ziynat	装饰；美丽
ziyofat	宴会
ziyoli	知识分子
ziyon keltirmoq	伤害，危害
zum	一瞬，一刻
zo'r-bazo'r	勉勉强强

O'

o'lka	地方
o'lkashunoslik	方志学，区域研究
o'q	箭；轴
o'q uzmoq	射（箭）
o'qimishli	有学问的
o'qlov	擀面杖

oʻrda	宫殿
oʻrindiq	椅子，凳子
oʻtin yormoq	劈柴
oʻtkir	尖锐的
oʻtli	火热的
oʻtov	毡房
oʻtroq	定居的
oʻymakorlik	雕刻业
oʻynoq	活泼的
oʻzak	核心
oʻzlashtirmoq	掌握，学会
oʻgʻir	臼
oʻgʻlon	小伙子

Gʻ

gʻaflat	无知
gʻamxoʻrlik	关心，关爱
gʻazablanmoq	愤怒
gʻazal	格则勒（抒情诗）
gʻilof	套子，盒子
gʻoyatda	非常，极其
gʻurur	自尊心，自豪感

SH

shashmaqom	莎什木卡姆
shinavanda	行家；粉丝
Shohnoma	《列王纪》(亦称《王书》)

CH

chakmon	捷克曼（罩衫式男长衫）
chalvor	灯笼裤，马裤
chambarak	圆环
chaqaloq	婴儿
charx	拉胚机
chavandoz	（叼羊）参赛者
chayon	蝎子
chegara	界线
chidamli	有耐力的
childirma	手鼓
chilla	四十天
chimildiq	床幔；洞房
chinni	瓷器
chodir	帐篷
chok	缝儿
cholg'u	乐器
chop etmoq	出版，发行
chopon	裕袢，长袍

chorizm	君主专制，沙皇制度
chorlamoq	邀请；鼓励
chorraha	十字路口
chorvachilik	畜牧业
cho'l	草原；沙漠
cho'pon	牧人